RECHERCHES
SUR
LA NATURE ET LES LOIS
DE L'IMAGINATION.

TOME SECOND.

Cet ouvrage se trouve aussi chez BUISSON, *Libraire, rue Gît-le-Cœur, n.º 10, ainsi que le suivant du même Auteur.*

Voyage sur la scène des six derniers livres de l'Énéide, suivi de quelque observations sur le Latium moderne, in-8, cartes, 4 liv. 10 s.

RECHERCHES
SUR
LA NATURE ET LES LOIS
DE L'IMAGINATION,

Par Ch. Victor De BONSTETTEN,

Ancien Baillif de Nion ; de l'Académie Royale des Sciences de Coppenhague, et de la Société de Physique et d'Histoire naturelle de Genève.

TOME SECOND.

A GENÈVE,

Chez J. J. PASCHOUD, Imprimeur-Libraire.

1807.

RECHERCHES
SUR
LES LOIS ET LA NATURE
DE L'IMAGINATION.

TROISIÈME SECTION.

DE LA RÉACTION DES IDÉES.

CHAPITRE PREMIER.

La sensibilité a des liaisons intimes avec le système musculaire.

§ 1. Je viens de faire l'analise des deux premiers élémens de l'imagination, du sentiment et de l'idée. La tâche la plus difficile me reste à faire, celle d'expliquer *la réaction des idées*, qui fait le troisième élément de l'imagination. Jusqu'ici je n'ai parlé que de sentimens et d'idées. Je vais dans cette partie m'occuper de leur influence sur les organes, et de la réaction des organes sur les sentimens et les idées.

§ 2. La psychologie est presque toute à

refaire. Au lieu de l'élever à la métaphysique, il falloit au contraire la faire descendre dans l'organisation, afin de saisir les phénomènes de l'être mixte dans toute leur composition.

§ 3. Les métaphysiciens qui ont parlé de l'âme ont le plus souvent considéré la sensation dans sa plus grande abstraction, comme un phénomène non composé, comme une simple modification de l'âme. Je crois que cette définition n'est pas vraie même en ne considérant la sensation que dans l'âme. J'ai des raisons de croire, que la sensation dont nous avons la conscience, simple en apparence, se trouve néanmoins dans la réalité toujours complexe, quoique la réflexion ne soit pas en état de la décomposer toujours. Nous avons vu avec Leibnitz qu'il y avoit nécessairement des modifications dans l'âme, dont le *moi* réfléchi, ne pouvoit avoir aucune connoissance. Ainsi donc ce *moi* renfermé dans les organes de la pensée confuse de l'homme, semblable à l'enfant qui vient de naître, se trouve entouré de mille impressions inconnues et enveloppées, destinées sans doute à se développer sous d'autres rapports (1).

---

(1) Comment croire que, ce qui est enveloppé, puisse ne pas

§ 4. Il faut pour procéder avec méthode, prendre la sensation à sa naissance, c'est-à-dire dès la première impression que l'objet extérieur qui l'a fait naître, vient à produire sur les nerfs. Cette impression paroît porter avec elle deux actions, pour ainsi dire, divergeantes, l'une sur l'âme, l'autre sur les organes, où l'action semble se dérober à toutes nos recherches.

La sensation arrive complexe dans l'âme et sous une forme assez confuse, la simple attention peut suffire pour en développer dans la suite une foule de parties et de rapports (1).

---

se développer chez les êtres sensibles, pour qui seuls l'avenir existe. Comment l'univers pourroit-il former un *tout*, si ce n'est en réunissant l'avenir au présent, et ce qui est déjà avec les choses qui se préparent à être? Avec quoi remplir l'éternité de l'existence si ce n'est avec les choses non développées?

(1) La plus grande vivacité de la sensation produite par l'attention, ne fait que développer dans les sensations, ce qui y étoit enveloppé. La première sensation produite par la présence de l'objet, quoique d'abord un peu confuse, contenoit donc tout ce que dans la suite l'attention y a trouvé. Le développement même des rapports n'est que le développement des idées opéré par l'acte de la comparaison.

Une grande partie des plaisirs faussement attribués à l'habitude vient de ce que l'usage d'une chose, d'un mets par exemple, développe dans la saveur de ces mets des sensations *partielles*, non aperçues d'abord dans la sensation confuse. Nous croyons quelquefois que l'habitude agit sur les *mêmes* idées, lorsqu'elle agit en réalité sur des points différens d'une même idée. C'est précisément cette habitude qui ne s'émousse point; tel est, par

Il faut, que l'action de l'objet extérieur sur les nerfs ait une singulière activité, pour produire dans l'âme même des effets si multiples et des phénomènes placés si haut qu'ils échappent à tous les regards, tellement que pour connoître la sensation, il faut la *sentir, et être, pour ainsi dire elle-même*. Mais l'effet de l'impression sur sur le système nerveux arrive non-seulement dans l'âme, mais encore dans tous les organes placés sous la dépendance de l'âme. Là se passent des mystères qui ne peuvent être révélés que par les faits.

§ 5. Une sensation de quelqu'un des cinq sens, celle d'une odeur par exemple, ne peut arriver à l'âme qu'entourée de quelques sensations de plaisir ou de douleur. Ces sensations de plaisir ou de douleur peuvent s'unir à l'odeur par exemple de la rose. Ce sont ces sensations de plaisir ou de douleur, souvent obscures ou latentes, fortement associées avec une sensation des cinq sens, qui portent en elles

---

exemple, l'amour qu'on a pour une personne spirituelle et sensible inépuisable en sentimens et en idées ; tel est surtout l'effet de la grâce qui multipliant la beauté, forme une source permanente d'harmonie et de plaisirs toujours simples et toujours variés. L'habitude en elle-même ne peut être sentie, elle peut nous faire éviter des peines, mais elle ne sauroit donner aucun plaisir ; ses bienfaits ne sont que négatifs.

un principe d'action capable d'agir sur la force musculaire, dans laquelle réside l'exécution des mouvemens volontaires.

Les cinq sens, placés dans l'organe de la sensibilité, et faisant partie de tout le système nerveux, sont néanmoins, dans leur manière d'agir, bien distincts du sixième sens. Considérés isolément, les cinq sens semblent dépourvus de tout principe d'action, qu'ils ne peuvent tenir que de leur association avec la sensibilité, qui seule fait éprouver le plaisir ou la douleur, et qui liée avec la force musculaire, prépare *l'exécution* de ce que l'âme a trouvé bon de *préférer* et de *vouloir*. Quand la pupille se contracte à la présence d'une forte lumière, c'est parce que cette lumière est *trop forte* pour l'organe. Dans ce cas ce n'est pas le sens de la vue qui agit, c'est la *sensation de douleur* attachée à la partie de l'organe, qui n'est point la partie qui transmet à l'âme la sensation de tel ou tel rayon coloré ; car en parlant d'organes et de nerfs, il faut bien se dire que nous *ne voyons* de tout cela que la boëte de la montre, et jamais ni le mouvement ni les rouages. Lorsque la sensation de plaisir ou de douleur, attachée à tel ou tel mouvement, vient à s'émousser par l'habitude, ce mouvement peut quelquefois continuer dans l'automate, sans être senti par l'âme et devenir en apparence machinal.

§ 7. Le sixième sens appartient tout entier à l'automate par son mécanisme, et à l'âme par les sensations qu'il lui transmet à la manière des autres sens ; mais avec cette différence que les sensations du sixième sens, liées au mouvement de la vie, et par là même plus fugitives que les autres sensations, échappent à la réflexion et se font plutôt *sentir* que *connoître*.

On peut donc considérer toute sensation comme produisant un double effet, l'un d'une action sur l'âme que j'appellerai *l'impression de la sensation*, l'autre de *réaction* sur le corps et probablement sur le système musculaire.

CHAPITRE II.

Rapports entre les associations des idées et les associations des mouvemens.

§ 1. *Le premier phénomène physique de la sensation est l'association des idées.* § 2. *La sensibilité est le lien de l'association des idées non réfléchies.* § 3. *Il y a telles combinaisons où tout le système des organes peut être ébranlé par une idée.* § 4. *L'association des idées suppose des liens dans les organes des idées.* § 5. *L'association des idées est parfaite chez les personnes absolument privées des mouvemens de l'imagination. Exemple.* § 6. *L'action de la sensibilité paroît être le grand moteur des mouvemens de l'organe.* § 7. *Les effets de la force associante subsistent après que le sentiment associateur n'existe plus.* § 8. *Un sentiment très-fort peut désassocier les idées d'un sentiment plus foible.* § 9. *Il peut les combiner avec d'autres idées.* § 10. *La grande puissance d'une idée constitue le courage.* § 11. *A toute association d'idées, formée par la sensibilité, correspond une association de mouvemens.* § 12. *Le même organe devient différent pour l'âme selon le ton auquel il est monté.* § 13. *Diminution de sensibilité et augmentation dans la mobilité musculaire c'est la source de l'habitude § 14. La sensation inerte s'endort dans l'habitude. § 15. Indépendance de l'âme acquise dans les beaux-arts par les mouvemens d'habitude.*

§ 1. L'ASSOCIATION des idées est le premier phénomène de la réaction de la sensation sur les organes. Par cette réaction l'organe de la sensation A acquiert la faculté d'exciter immédiatement d'autres sensations ; et de plus il acquiert lui-même la faculté de reproduire la sensation A par le moyen des idées associées avec A. Il est bon d'observer que le plus souvent A peut rappeller la sensation B, sans que B rappelle la sensation A. Je sais très-bien l'ordre des lettres d'un mot dans un sens, sans savoir pour cela l'ordre inverse de ces lettres.

§ 2. La simultanéité de deux sensations ne suffit point pour produire leur association. Dix mille personnes ont été témoins d'un même événement, d'une bataille par exemple, ou d'une émeute populaire, et, il n'y en a pas deux qui en rapportent *les mêmes souvenirs* (1).

___

(1) La véritable cause de l'association des idées dans le domaine de l'imagination c'est la *sensibilité*, et dans le domaine de l'intelligence *l'attention*. La simultanéité des sensations ou

L'association des idées se fait, dit-on, par le moyen de l'attention. Dans le domaine de

---

des idées n'est qu'une *circonstance accessoire*. Je puis même associer telle sensation *présente*, non point avec les sensations simultanées, mais avec le souvenir d'une sensation *absente*. Une mère peut être *frappée* de la ressemblance d'un jeune homme qu'elle voit avec son fils absent, et ne point se souvenir dans la suite du *lieu* où elle a vu ce jeune homme.

J'avois fait voir à un paysan qui n'étoit jamais sorti de son village un très-beau bal donné à feu l'empereur Paul, alors grand Duc. Ce paysan de retour dans son village n'avoit d'autres souvenir de cette fête brillante, que celui de la quantité de lumières qu'il y avoit vu brûler à-la-fois. Ce pauvre homme toujours occupé d'économie ne pouvoit voir *qu'à travers son sentiment d'habitude*. Les autres sensations simultanées étoient nulles pour lui, parce qu'elles étoient nulles pour son sentiment.

Un pâtre suisse, qui avoit vu le port, les chantiers et les arsenaux de Coppenhague en revenant de sa course, ne put dire autre chose, sinon : ah qu'ils sont fous ! Quand il fut remis de sa première surprise, on lui demanda de quels fous il avoit parlé. Des rois, dit-il, que n'achètent-ils des vaches, que ne cultivent-ils leurs terres, au lieu de ravager avec tant de peines celles d'autrui.

Tel amant ne peut quitter la tombe de son amante ; c'est que la douleur associe le lieu même à l'idée de la personne chérie. N'est-ce pas le sentiment qui forme le lien de cette association ? La douleur vient-elle à s'éteindre, l'association commence à se relâcher et bientôt à se dissoudre tout-à-fait. N'a-t-on pas vu des chiens mourir sur le lieu où ils avoient vu mourir leur maître ?

Les souvenirs de l'intelligence, nés de *l'attention*, suivent d'autres lois. Ces souvenirs étrangers à la sensibilité, dépendent de la *netteté* des idées, et des *développemens de rapports* commencés par l'attention. Il n'en est pas de même pour l'imagination, nous avons vu qu'à mesure que *l'unité* des idées, appelée *intérêt*, commençoit à disparoître, *l'ennui* paroissoit l'imagination elle se fait *par la sensibilité;* l'attention réfléchie a de tous autres souvenirs que ceux de l'imagination, et n'appartient qu'à l'intelligence. L'attention de la sensibilité n'est autre chose que la vivacité des impressions. La vivacité des souvenirs, c'est-à-dire des idées associées, dépend de la nature et de la force des impressions, qui dépendent elles-mêmes de l'état momentané de l'âme et de l'organe. On conçoit que sous ces rapports *la force et l'intensité de l'association* de telles idées n'est pas la même dans deux individus différens, ni peut-être chez le même individu dans deux momens différens.

§ 3. Le lien de l'association des idées sensibles se communique, s'étend, et quelquefois se ramifie dans toute l'étendue de l'organisation, au point qu'une idée vivement émue peut suffire à bouleverser l'homme tout entier.

──────────────

aussitôt. C'est cet *intérêt* émané de la sensibilité qui donne des souvenirs, et c'est l'absence de cet intérêt, c'est-à-dire *l'ennui* qui produit l'oubli le plus complet. Sitôt que l'ennui devient douloureux, il acquiert des souvenirs douloureux; mais s'il n'est encore *qu'absence d'intérêt*, il donne tels oublis que je n'oserois citer, dans la crainte de n'être pas cru sur ma parole.

L'intérêt, que les vieillards prennent aux souvenirs de leur jeunesse, tient à la vivacité des sentimens associateurs; plus l'intérêt du présent se décolore, et plus les couleurs du passé se ravivent. Malheur au vieillard privé de tout intérêt pour un avenir placé au delà de cette vie.

§ 4. Nous avons parlé de quelques malades, qui ne pouvant pas se rappeller une idée qu'ils cherchoient, étoient violemment agités, et prêts à prendre des convulsions, et qui étoient guéris au moment qu'on avoit pu venir au secours de leur mémoire, et achever le jeu de l'association de leurs idées. Cette maladie ne semble-t-elle pas avoir son siége dans les organes des idées?

§ 5. Chez les personnes *dénuées d'imagination* et de sensibilité, *l'association des idées paroît se prolonger* avec une régularité et une étendue proportionnées à la nullité de leur imagination. De La Roche raconte « qu'un idiot,
» qui demeuroit dans le voisinage d'une horloge, s'amusoit à en compter les coups chaque
» fois qu'elle sonnoit. Il en avoit tellement pris
» l'habitude que, l'horloge s'étant arrêtée, il
» continua de compter les heures comme s'il
» les eût entendues, et cela au moment précis
» où elles auroient dû sonner. » Le même De La Roche cite un autre exemple de l'association des idées : « Une dame qui étoit enceinte eut
» la fantaisie de se faire faire une robe qu'elle
» attendoit avec beaucoup d'impatience. Quand
» la robe fut faite, elle voulut l'essayer, mais
» l'attitude d'être trop long-temps debout lui

» causa un violent mal de cœur, au point
» qu'elle ne put pas mettre sa robe. Le len-
» demain, se sentant bien portante, elle
» réitéra le même essai, la robe ne fut pas
» plutôt mise que le mal de cœur la reprit.
» Une troisième tentative ne fut pas plus
» heureuse, et pendant tout le temps de sa
» grossesse, *la simple vue* de la robe suffisoit
» pour ramener un pareil accident. » Le
médecin ajoute : les exemples de cette nature
se répètent tous les jours sous nos yeux.

§ 6. Je continue à transcrire l'excellent ouvrage que je viens de citer. « Il paroît que
» cette association entre des mouvemens et
» des idées, qui, par elles-mêmes ne sont pas
» propres à les exciter, se fait par l'inter-
» vention de quelque sensation qui est de
» nature à produire cet effet. Ainsi dans le
» cas que je viens de citer, *l'idée* de la *robe*
» rappelloit sur le champ la sensation (du
» sixième sens) qui avoit précédé le mal de
» cœur, et le vomissement étoit la consé-
» quence de cette sensation ». L'auteur a bien
vu que la simple *idée de la robe ne pouvoit
agir que par l'intervention d'un sentiment
de douleur ou de plaisir, associé à cette idée.*

§ 7. C'est toujours la sensibilité, qui, dans

toute l'étendue de l'imagination, lie ou délie les idées. Il arrive très-souvent que les mouvemens associés se continuent, quoique le sentiment associateur vienne à se perdre ou à n'être plus senti. « Nous avons (1) un exemple
» bien frappant (2) de cette association dans
» le mouvement des yeux. Comme pour l'or-
» dinaire la volonté et les impressions de la
» lumière agissent également sur l'un et sur
» l'autre, il en résulte les mêmes effets sur tous
» les deux, et l'habitude de ces mouvemens
» simultanés devient si forte, qu'aucune exertion
» de la volonté ne sauroit diriger leurs axes de
» vision vers différens points, et que l'im-
» pression d'une lumière très-vive sur un seul
» œil suffit pour faire contracter également les
» deux prunelles. Cependant il n'y a rien dans
» la structure de ces parties qui doive causer
» cette simultanéité ; ce sont deux organes
» très-distincts et très-séparés, dont les mou-
» vemens n'ont de connexion que par l'inter-

---

(1) De la Roche, analise des fonctions du système nerveux. Tom. II, pag. 124.

(2) J'ajouterai le fait suivant. Lorsqu'une personne a l'œil affecté d'une goutte sereine complète, si l'on en approche une lumière en couvrant l'œil sain, la prunelle demeurera immobile. Mais si on la présente à l'autre, on verra les deux prunelles se contracter.

» vention du sensorium, qui est habitué à les
» produire ensemble ».

§ 8. J'ai dit que l'association des idées étoit plus ou moins forte en raison de la vivacité d'impression des idées associées par la sensibilité. Voici un fait qui prouve que toute association d'idées quelque forte qu'elle soit peut être dissoute par des impressions d'une force supérieure. « Une jeune fille placée
» à l'hôpital de Harlem, y fut saisie d'une
» attaque de convulsions. Une autre, du nombre
» des gens qui s'empressoient à la secourir,
» pour l'avoir regardée avec beaucoup d'atten-
» tion, tomba dans un paroxisme semblable.
» Les accès se répétant chez l'une et chez
» l'autre ce spectacle augmenta tellement le
» nombre des malades, que bientôt presque
» tous les jeunes gens de l'un et de l'autre
» sexe que renfermoit cette maison, furent
» également atteints de ces convulsions. Les
» médecins employèrent inutilement différens
» remèdes, jusqu'à ce que Boërhaave s'y étant
» transporté, fit dans chaque chambre mettre
» un brasier ardent, où l'on entretenoit conti-
» nuellement un fer rouge, ordonnant qu'on
» s'en servît pour brûler au bras jusqu'à l'os,
» le premier qui prendroit une attaque de

» cette nature. La crainte que produisit un
» remède aussi cruel, fut telle que, dès ce
» moment ils furent tous complètement guéris. »

§ 9. Le courage qui nous fait braver la douleur, tient pareillement à une association d'idées, fortement liées ensemble par quelque sentiment. Voici un fait cité par Leibnitz : Un malheureux qui avoit supporté les tourmens de la torture, dans le plus fort de ses douleurs avoit plusieurs fois prononcé ces paroles : *ah! je te vois, je te vois.* Quand son procès fut fini, on lui demanda ce qu'il avoit donc vu ? « La potence, dit-il, qui m'attendoit si j'eusse » été vaincu par la douleur ». Le sentiment des douleurs qui l'attendoient à la potence, étoit probablement celui des mêmes douleurs qu'on lui faisoit éprouver, et qui associées avec *l'idée* d'un *autre* supplice, lui faisoit braver la torture. En effet, comment croire que *l'idée* d'une douleur *éloignée* pût surmonter la sensation présente de la torture ? Si ma conjecture étoit fondée, on verroit une nouvelle raison de rejeter la torture puisque les tourmens qu'elle donne peuvent produire le courage de la braver.

§ 10. J'ai dit que le courage étoit fondé sur l'association de quelqu'idée capable de dompter la sensation de la douleur. De nobles sentimens exprimés avec force peuvent servir quelquefois à rendre de belles âmes supérieures aux événemens de la vie. L'admirable Corneille de Witt, victime de la fureur populaire, se sentoit soulagé dans les tourmens de la torture en récitant ces vers d'Horace (1) :

« Justum et tenacem propositi virum
» Non civium ardor prava jubentium,

---

(1) J'ai souvent observé qu'un remède contre les peines de l'âme étoit de trouver le moyen de désassocier deux ou trois des idées les plus tumultueuses, qui sans doute sont le résultat immédiat du sentiment qui nous agite. Voyez comme dans la poésie, dans la romance, par exemple, la douleur revient sans cesse *sur les mêmes idées* ; de là les refreins qui conviennent également à la musique et au langage parlé. Les personnes sensibles aux charmes de la poésie d'Horace, ont quelquefois éprouvé combien une belle ode, comme celle de « *Æquam memento rebus in arduis servare mentem* », pouvoit procurer de soulagement aux grandes peines du cœur. Je me suis souvent demandé, pourquoi la poésie des modernes ne me donnoit jamais les mêmes consolations que la poésie des anciens : cela tient surtout *à la nature d'une langue morte*, qui n'étant jamais employée par nous qu'aux grandes et belles idées, ne porte avec elle aucune de ces associations vulgaires ou familières qui entachent nécessairement le langage de la vie ordinaire. Ce besoin, de désassocier les idées douloureuses, explique pourquoi le sommeil peut servir quelquefois à porter du soulagement aux grandes douleurs de l'âme. Outre les forces que le sommeil donne, j'ai remarqué que son premier effet étoit de *désassocier les idées de la veille* pour en composer les associations bizarres appelées *rêves*. Cette décomposition des idées douloureuses, est déjà un commencement de guérison pour l'âme.

» Non vultus instantis tiranni,
»   Mente quatit solida. »

Cet exemple et l'histoire de tous les martyrs prouvent le prodigieux ascendant que des idées réfléchies liées à de nobles sentimens peuvent prendre chez l'homme accoutumé à se laisser guider par elles, et réfutent le sentiment de ces esclaves des plaisirs sensuels, devenus incapables de croire ni à l'empire de la vertu, ni à ce qui élève l'homme au dessus de lui-même.

§ 11. On peut poser en principe qu'à toute suite d'idées associées correspond toujours une suite de mouvemens musculaires. La *fatigue* de la pensée le prouve. Les malades dont j'ai parlé, pour qui l'oubli d'une idée associée étoit un tourment, semblent prouver encore la liaison intime qu'il y a entre l'association des idées et le mouvement musculaire, et toute la médecine est pleine de faits qui prouvent l'action des idées associées sur l'organisation.

J'appelle *action* tout mouvement musculaire produit en conséquence d'une idée mue par la volonté. Je puis donc encore établir ce principe ; qu'à toute association d'idées correspond une action réelle visible ou invisible.

§ 12. Ainsi donc, pour saisir la partie matérielle du phénomène multiple de l'association des idées, il faut connoître non-seulement l'état actuel de l'organe, mais encore son état antécédent. Je suivrai encore ici l'excellent ouvrage de M.' de La Roche, et j'observerai avec lui, que *l'organe d'une sensation est toujours monté par l'impression antécédente faite sur cet organe* ; ma main, plongée dans l'eau à 40 degrés, n'est pas la main plongée dans l'eau à 20 degrés de chaleur ; elle est pour ainsi dire deux organes montés de manière à donner deux sensations différentes, et c'est parce que ces sensations sont différentes, que je puis les comparer et en former une idée relative. Cette observation qui s'étend sur toutes les idées, sur toutes les sensations et sur tous les souvenirs, est de la plus grande importance en psychologie. Il faut cependant ne pas oublier que ces altérations produites par les modifications antécédentes, n'ont qu'une certaine latitude, et qu'une sensation ne peut se dénaturer au point de devenir la sensation d'une autre espèce. Ces différences dans les résultats des impressions occasionnées par l'état antécédent de la sensation, portent bien souvent *sur le sentiment de plaisir ou de douleur* lié avec elle, sentiment encore plus variable que la sensation des cinq sens qu'il accompagne. Par exemple, la sensation d'un grand froid ou d'une grande chaleur se distingue encore plus par l'espèce de *douleur* ou de *plaisir* qui s'y trouve liée, que par la nature même de la sensation. C'est surtout dans le dictionnaire des sentimens moraux, que les idées portent la livrée du sentiment de plaisir ou de peine. Les termes de gaieté, de tristesse, de pitié, etc., désignent le plaisir ou la peine *qui accompagne l'idée.*

§ 13. Souvent la répétition d'*une même sensation* affoiblit cette sensation, mais augmente le mouvement musculaire, et c'est là la source véritable des phénomènes de l'habitude.

Mais il faut observer ici que bien souvent nous prenons *pour la même sensation* une sensation réellement différente : je reviens de la ville, et il se peut que je trouve très-ennuyeuse la vue d'un paysage qui me plaira dans la suite. Mais en réalité, ce que j'appelle *la même vue, n'est pas la même sensation.* Le tumulte de mes sens et mille souvenirs peuvent rendre la vue de la campagne monotone. Dans la suite, lorsque mes sens seront calmés, et la ville oubliée, je pourrai découvrir dans le même paysage, des parties qui m'avoient échappé d'abord. Il y a plus; dans le calme des sens le sentiment du beau viendra se développer dans mon âme, et prêter à son objet des charmes nouveaux. Il en est de même des saveurs et des odeurs : il y en a, qui commencent par déplaire, et que l'on peut aimer dans la suite, soit parce que l'organe dénaturé par des sensations antécédentes, (comme par des liqueurs fortes,) a changé, soit parce que l'âme vient à découvrir des sensations partielles, qu'elle n'avoit pas aperçues d'abord. Les saveurs ont d'ailleurs des rapports avec les organes de la digestion, qui ne se font sentir que peu à peu, comme M.^r De la Roche l'a très-bien observé en parlant du goût que presque tous les hommes se trouvent avoir pour le pain.

Quand on dit qu'une *même* sensation vient à s'affoiblir par la répétition, il faut supposer trois conditions sans lesquelles ce principe est faux; l'une que l'harmonie ne soit point venue anoblir une sensation; (le même *son*, qui, répété isolément, feroit mourir d'ennui un musicien, peut sans ennui, être employé mille fois par lui dans la journée;) l'autre que la sensation n'ait pas été développée par l'intelligence. Qui ne s'ennuieroit de n'avoir que des cercles et des triangles devant les yeux ? Et cependant le géomètre peut passer sa vie avec cinq ou six figures, dont la continuelle présence tueroit toute personne incapable de sentir les charmes d'une pensée profondément développée par la méditation.

Il est un troisième cas où la sensation ne peut rester la même ; c'est celui du désir causé par quelqu'appétit. Dix hommes peuvent avoir dix nuances de faim ou de soif très-différentes, c'est-à-dire que, dans les dix cas, l'*idée* du pain ou de l'eau sera modifiée par le degré de faim ou de soif que l'on éprouve, au point de n'être plus *la même sensation.* C'est ici un des cas fréquens où la sensation est moins désignée par son objet, que par le sentiment pressant qui l'accompagne. Long-tems après la famine ressentie au dernier siège de Gênes on n'auroit pas osé, dans cette ville, prononcer légèrement le nom de pain, ou se servir de pain à quelqu'autre usage que pour sa nourriture. Si les nuances de famine eussent eu un langage, sans doute qu'on auroit donné au pain dix noms différens (1). La jouissance

---

(1) Dans la langue islandoise, qui est celle des courageux Scandinaves, il y a un grand nombre de mots pour exprimer

modifie de même les sensations en les colorant de ses couleurs et de toutes ses nuances.

§ 14. Ce n'est donc que la sensation *inerte* et inanimée qui s'endort dans l'habitude, tandis que l'action musculaire qu'elle produit peut se fortifier et se perfectionner par la répétition. Par exemple, l'habitude des mêmes mouvemens peut devenir tellement familière chez les musiciens qu'ils ne les sentent plus, parce que dans la musique l'attention portée sur les sons plutôt que sur les mouvemens des doigts, permet à l'âme de se détacher de l'automate pour s'élever au sentiment du beau, et se livrer sans distraction aux jouissances immatérielles de l'harmonie.

§ 15. Dans les beaux-arts le talent d'exécution le plus parfait est celui qui a tellement dompté les organes, que le sentiment et la pensée en sont devenus indépendans et ca-

---

l'idée d'une épée : ces mots dans leur origine n'étoient pas synonymes. Que de mots chez leurs poëtes pour dire une *vague* ou un *vaisseau*.

Suivant Leibnitz, les Francs sont venus des bords de la Baltique ; leur langue a beaucoup de mots qui paroissent venir de la langue des Scandinaves. Par exemple, *buste* en islandois signifie dans son origine la partie *supérieure d'une vague*, et dans la suite la partie supérieure d'un corps. De là peut-être le mot françois *buste*.

pables de se livrer sans distraction aux charmes de la beauté, et à l'expression de cette harmonie qui nous élève au-dessus de nous-mêmes.

J'ai quelquefois eu occasion d'observer que les personnes douées des plus grands talens d'exécution, soit pour la musique, soit pour le théâtre, étoient celles qui conservoient le plus de présence d'esprit et le plus de liberté pour observer ce qui se passoit autour d'elles, dans les momens mêmes de leur jeu. Cette indépendance au sein du mouvement, est ce qui constitue le grand homme de guerre qui, dans le tumulte des combats, dans la confusion des événemens, et dans l'apparent chaos du monde, conserve sa pensée libre et lumineuse.

CHAPITRE III.

Continuation.

§ 1. *La répétition des mouvemens musculaires augmente leur effet.* § 2. *La perfection des mouvemens musculaires peut influer sur les idées associées.* § 3. *Différence entre l'action de l'irritabilité et celle de la sensibilité.* § 4. *Empire de l'habitude.* § 5. *La pensée affranchit du joug de l'habitude.* § 6. *Les habitudes nationales ne sont pas moins impérieuses que celles des individus.* § 7. *Influence des corps célestes sur les habitudes des Nations.*

§ 1. L'ASSOCIATION des idées considérées dans les phénomènes musculaires, nous présente plusieurs vérités nécessaires à l'explication du phénomène mixte de l'association de idées. Il faut ne pas oublier que c'est toujours de la correspondance des faits que la psychologie s'occupe.

La force musculaire *augmente par la répétition des mêmes mouvemens*. La répétition d'un même mouvement produit trois choses. 1.° Elle augmente la force des mouvemens musculaires. 2.° Elle proportionne ces mouvemens à leur action finale. 3.° Elle augmente la vîtesse de ces mêmes mouvemens. De tout cela résulte *la facilité de l'action totale.* Voyez un danseur de corde; quelle force dans ses muscles! quelle proportion et quelle justesse dans ses mouvemens ! enfin quelle facilité dans l'exécution de son art !

§ 2. L'association des idées est à son tour déterminée par l'état des muscles dont les mouvemens correspondent à cette association. Il en résulte dans la mémoire une certaine intensité, une certaine succession d'idées, et une vîtesse donnée ; et tous ces effets sont le produit de l'action des idées sur les muscles, et ensuite de la réaction de ces muscles sur les idées. Sans doute que le danseur de corde dans ses songes répétera *en idée* quelques-uns des tours qu'il a faits dans la journée, et s'il est très-adroit, ses rêves même s'en ressentiront. Il sera en l'air là où moi je rêverois que je tombe.

Ces mouvemens musculaires dont nous parlons s'exécutent par l'irritabilité, qui est tellement différente de la sensibilité, que l'irritabilité acquiert de nouvelles forces, par la répétition des mêmes mouvemens, (lorsque les circonstances sont les mêmes,) tandis que la sensibilité perd les siennes par l'habitude. « Une personne sur laquelle, » dit M.' De la Roche, « une forte dose d'émétique aura agi, éprou- » vera le même effet le lendemain en consé- » quence d'une moindre dose plus aisément » qu'elle n'auroit fait, si elle n'avoit pas pris » la première, qui paroît augmenter son ac- » tion, parce qu'elle éprouve dans les mus- » cles une moindre résistance. » Dans ce cas, le grand moteur du mouvement étoit l'irritabilité. L'on peut d'un autre côté augmenter peu à peu les doses d'un émétique au point de le rendre presque sans effet, parce que dans ce cas la sensation motrice de l'irritabilié vient à s'affoiblir par l'habitude qui émousse la sensibilité (1). Ainsi diminution de sensibilité et augmentation de la force et de l'adresse musculaire, voilà le grand principe de l'habitude (2).

---

(1) Vous voyez dans les *observations sur la manie* de Cox, que c'est *en excitant* la *sensibilité*, que l'on parvient à rendre les remèdes actifs, et à guérir les malades. *L'insensibilité* a tout ce qui n'est pas la folie dont les Msniaques sont atteints, est un des grands caractères de la manie. Il paroît que ce n'est qu'en agissant sur la sensibilité qu'on parvient à interrompre le jeu de cette singulière maladie. La manie ne paroît être qu'une sensibilité monstrueusement concentrée, qui agit aux depens des autres facultés matérielles et morales.

(2) J'ai connu un tisserand paralysé dans tous ses membres, au

§ 4. Les causes de l'association des idées et de l'habitude paroissent si variées, que l'on seroit tenté de croire qu'il y a une diversité presqu'infinie dans les pensées, les opinions et les actions des hommes; cependant il n'en est rien. La répétition des mêmes actions, qui rend ces actions toujours plus aisées, produit des ornières toujours plus profondes; et l'homme gravite sans cesse dans une même spirale, qui tend toujours à se rétrécir davantage, pour arriver enfin dans le point, le plus

---

point de ne pouvoir bien manger seul, qui n'avoit conservé de libre que le mouvement nécessaire à sa profession. Il y a une vallée de la Suisse Italienne qui ne vit que du produit des chapeaux de paille que l'on y fait. Le mouvement si aisé et si uniforme de tresser trois brins de paille, est devenu si familier aux habitans de cette vallée, que des personnes dignes de foi, m'ont assuré, qu'il leur arrivoit quelquefois de continuer leur ouvrage en dormant. Les hommes de toutes les professions mécaniques arrivent bientôt au point d'achever machinalement leur ouvrage. Il en résulte que ces artisans, en conservant la liberté de toute leur pensée, se trouvent dès-lors exposés à devenir les jouets de toutes les opinions, de toutes les erreurs et de toutes les passions. Il faut bien se dire que la pensée livrée au hasard devient tôt ou tard une source de désordres dans la société humaine. Les pratiques religieuses *détachées de la pensée*, ne sont encore que des fabriques, où l'âme retrouve tout son vuide. Il faudroit à ces hommes, des idées positives dignes de les fixer, et propres à les rattacher au système social, et par quelques connoissances à leur profession et à la place qu'ils occupent dans la grande société.

bas où la vie semble s'arrêter. En effet, presque tous les hommes cheminent sur la route de leurs habitudes, où se forme bientôt quelque trace profonde, dans laquelle l'existence est de plus en plus resserrée. L'âge finit par faire perdre peu à peu tout ce qui reste de mouvemens excentriques, et les forces, se ralentissant toujours davantage, la vie s'arrête enfin dans le point le plus bas de l'ornière.

§ 5. Telle est la mort vivante de l'homme, qui ne s'est pas de bonne heure exercé à penser, de l'homme qui a mis sa confiance dans les passions et dans les jouissances des sens : car c'est dans les plaisirs sensuels que se forme d'abord la trace la plus profonde dans des routes qui n'aboutissent qu'aux régions stériles de la douleur, de l'ennui, et d'où il n'est plus de retour à la vie ; tandis que la jouissance de la pensée va toujours s'agrandissant par la pensée. La vie de l'homme livré à ses passions est privée d'avenir, tandis que celle de l'homme guidé par la raison semble s'étendre et se prolonger. À mesure qu'il avance il sent son âme s'agrandir par la pensée même, et s'unir de partout à la grande cause ordonnatrice, dont le foible aperçu est déjà pour lui un gage d'immortalité, et le crépuscule d'un plus beau jour.

§ 6. Les habitudes des nations présentent des phénomènes semblables à ceux des habitudes des individus. Les hommes d'une même nation, en apparence si indépendans dans leurs actions et leurs pensées, sont en réalité tellement enchâssés, liés et garottés dans leurs rapports avec leurs concitoyens, que rien n'est plus impossible *à la longue*, que de sortir de l'habitude du pays où l'on vit. Depuis que l'on écrit sur l'agriculture on n'a pas cessé de se plaindre de la *routine* qui empêche les progrès de cet art. Quand on dit que les lois ne peuvent rien contre les mœurs, c'est dire que l'autorité ne peut rien contre les habitudes dominantes. Les habitudes des nations ont, comme celles des particuliers, une tendance à se concentrer de plus en plus, et pour ainsi dire à se figer enfin tout-à-fait. Sous ce rapport le corps politique tend comme le corps humain à une mort semblable, et les nations finiroient par s'ossifier comme le corps humain, si rien d'étranger ne venoit troubler la marche de leur organisation intérieure.

D'après ces principes on conçoit, qu'il n'y a rien de plus favorable au développement de l'espèce humaine, que la grande variété de nations, d'opinions, d'usages et de lois que nous voyons sur la terre, et qui conservant l'individualité de l'homme, lui permet de faire usage de *tout* ce que la nature lui a départi; tandis que rien n'est plus funeste pour une nation que l'uniformité, qui, en faisant mourir tous les germes de la pensée, ne nous laisse que des habitudes, l'imbécillité de l'âge, l'intolérance de la vieillesse, et une mort prématurée.

Il y a dans les écrits des meilleurs physiologistes une conjecture sur la cause universelle des habitudes nationales, qui présente une grande image. Le mouvement de la terre sur son axe en ramenant sans cesse les grands et magnifiques phénomènes du jour et de la nuit, a suffi peut-être pour fixer chez l'homme les habitudes du sommeil et de la veille, du travail et du repos, de l'épuisement et de la réparation des forces, et par là, de tout le système des habitudes. Il n'y a pas jusqu'aux mouvemens de la lune et des étoiles qui n'aient leur grande influence sur les mœurs nationales, si ce n'est directement, du moins par les opinions religieuses, qui ont toujours tant d'influence sur l'enfance des nations et par elle sur tous les âges subséquens. Le mouvement apparent du soleil et les révolutions de la lune que nous voyons élever les mers et frapper les rivages, étendroient donc encore leur influence sur les nations qui habitent le globe, et l'on verroit ces astres mouvoir également les eaux de la mer et régler les usages, les habitudes et les lois des peuples de la terre.

CHAPITRE IV.

De l'association des idées formée par l'intelligence, et de celle formée par l'imagination.

§ 1. *L'intelligence associe les idées d'après leurs rapports, la sensibilité les associe d'après les besoins de l'automate.* § 2. *Grande et sublime indépendance des idées réfléchies.* § 3. *Les sources des deux facultés sont différentes.* § 4. *La mémoire des deux facultés est différente.* § 5. *Les véritables traces de l'imagination, il faut les chercher moins dans les idées associées, que dans l'ordre de leur association.*

§ 1. Nous pouvons dans l'association des idées observer de nouveaux traits qui caractérisent la grande différence qu'il y a entre l'imagination et l'intelligence.

J'ai dit que l'intelligence concentroit l'attention *dans les idées*. Elle fait plus; son mouvement tend toujours à abstraire, c'est-à-dire à *séparer*, ce qui est identique dans ces idées, de ce qui ne l'est pas. Il en résulte des associations et désassociations formées, non par

les

les besoins de la sensibilité, mais par des rapports inhérens aux objets, ou plutôt à *l'idée* de ces objets. L'idée générale d'un triangle résulte de la nature même de cette figure, et non d'aucun mouvement de la sensibilité; tandis que l'idée de la personne que j'aime, naît du besoin d'aimer, comme l'idée de la musique et de tous les beaux-arts vient non pas des sons et du marbre, mais du besoin de développer la sensibilité par l'harmonie. En un mot le mouvement de l'imagination est dans la sensibilité; celui de l'intelligence dans les idées.

§ 2. Il en résulte que les associations des idées *réfléchies* ne sont que foiblement soumises aux mouvemens de la sensibilité. Par exemple, le vaste domaine des mathématiques n'est-il pas très-indépendant de tous les mouvemens des sentimens moteurs? L'âme est-elle émue? la raison se tait et se voile; mais si elle se résout au combat, l'orage de la sensibilité s'appaise à sa voix. Jamais le mouvement de l'imagination et celui de l'intelligence ne peuvent exister ensemble : et cependant ces facultés en apparence ennemies, et dont les mouvemens semblent se troubler, se trouvent liées par les rapports les plus intimes.

C'est de l'imagination que l'intelligence reçoit les matériaux de son travail, les idées ; et c'est de l'intelligence que l'imagination reçoit les idées morales, conservatrices de la société, et par elles du bonheur de l'espèce même. L'imagination fournit le métal, et l'intelligence le lui rend travaillé en ressorts, en rouages, en balanciers arrangés de manière à devenir capable de mouvemens réglés, au point de faire converger des idées multiples vers un but unique.

Il résulte de ce que nous avons dit de ces deux facultés, que rien n'est plus indépendant chez l'homme que la raison (1) qui, formée et élevée hors de l'influence de la sensibilité, demeure fidèle à la vérité. C'est par la raison que l'homme devient capable de suivre un choix étendu, et sûr ; tandis que la sensibilité n'a jamais que des chances bornées à offrir.

§ 3. L'imagination avertit la volonté des besoins instantanés de l'homme, et l'intelligence lui découvre peu à peu ses rapports avec l'univers ; la première est l'interprète du mo-

---

(1) L'indépendance de l'homme est en raison du nombre de partis à prendre. Or, la raison offre à l'homme tout ce que la *sensibilité a de bon à lui donner*; plus, tous les partis que l'étendue des idées générales peut faire apercevoir.

ment présent, la seconde est la révélation de l'avenir.

§ 4. La mémoire même de l'imagination semble se ressentir de son origine. Née du mouvement des organes, rien n'est plus passager que le souvenir de ce qu'on n'a fait que sentir, tandis que la mémoire de l'intelligence toujours fondée sur des rapports immuables, se conserve aussi long-temps que les signes par lesquels elle tient aux sens.

§ 5. Il y a une espèce de mémoire de sensibilité que l'on a peu observée encore. Deux personnes raconteront rarement le même fait avec les mêmes détails, si ce fait est un peu compliqué : c'est que chacune en aura été *frappée différemment*. Cette différence dans la manière de sentir le même fait, atteste la présence de la sensibilité qui a préféré telle association d'idées à telle autre. L'observateur adroit verra dans les idées qu'on lui présente, non-sulement ces idées, mais il y remarquera de plus le *sentiment* qui les a associées ensemble. C'est sans doute dans ce sens qu'une personne spirituelle a dit en parlant de l'esprit d'une femme, *que l'amour avoit passé par là*.

Les idées associées ne nous présentent que

l'effet et le produit du sentiment associateur. Il faut, pour en connoître *la cause*, retourner pour ainsi dire ces tissus d'idées, afin de suivre sur le revers les fils du sentiment qui les a arrangées; c'est dans *ces fils qui lient les idées*, que consiste la mémoire dont je veux parler; c'est dans leur tissu que l'on peut suivre le mouvement de la force associatrice, et retrouver ses traces, à-peu-près comme sur le revers d'une broderie ou d'une tenture on peut suivre la liaison et la marche de tous les fils. C'est surtout dans les transitions d'une idée à l'autre que l'on s'aperçoit du sentiment qui domine, et qui le plus souvent fait le *lien* des différens sujets de la conversation des personnes que l'on observe.

CHAPITRE V.

Causes psychologiques de l'imitation.

§ 1. *Il y a une liaison matérielle entre l'organe de certaines idées, et certains mouvemens musculaires.* § 2. *Cette liaison préexiste dans l'organisation.* § 3. *L'imitation produit les habitudes nationales.* § 4. *En quel sens on peut dire que les mouvemens d'imitation ne sont pas volontaires.* § 5. *La liaison entre l'idée et le mouvement se fait par l'organe de l'idée.* § 6. *C'est le désir qui lie l'idée au mouvement; la liaison entre le désir et le mouvement est préformée dans l'organisation.* § 7. *Il y a des rapports naturels entre le désir et telle sensation extérieure.* § 8. *La volonté n'agit que par les idées, elle veut une idée, et exécute une idée.* § 9. *L'âme n'est jamais absolument privée de désir.* § 10. *Il faut considérer les idées comme les ressorts de machines infiniment variées.* § 11. *Dans les beaux-arts, la vérité d'imitation produit l'illusion.* § 12. *Il faut dans les beaux-arts n'imiter que ce qui touche à quelque sentiment.* § 13. *Les objets imités n'agissent sur le peuple que comme des signes naturels, la beauté ne se développe que peu à peu.* § 14. *L'imitation morale n'est d'abord que matérielle, et ne va s'élevant que peu à peu.* § 15. *Le langage prouve la force de l'imitation.*

§ 1. Les Transactions philosophiques parlent d'un homme qui étoit forcé d'imiter tous les mouvemens qu'il voyoit faire aux autres hommes. Il n'avoit d'autre moyen de s'en garantir, que de ne pas fixer les personnes qui étoient auprès de lui.

Je conclus qu'il y avoit chez ce malade une liaison naturelle et mécanique entre *l'idée* du mouvement qu'il voyoit faire, et les *muscles moteurs* de l'imitation de ce mouvement. Car comment la volonté eût-elle pu vouloir agir sur des muscles qui lui étoient inconnus !

§ 2. Tous les hommes sont un peu cet homme là ; tous se laissent guider par *l'exemple ;* mais l'homme en santé se trouve muni de contrepoids, qui l'empêchent d'imiter machinalement et indispensablement ce qu'il voit faire. Cependant il faut que la liaison entre l'idée et le mouvement des muscles préexiste, puisque dans quelques cas la volonté n'y peut rien, et qu'il n'existe que deux forces motrices chez l'homme, celle de la volonté et celle de l'organisation.

§ 3. L'imitation, d'un côté, et l'opinion

de l'autre, enchaînent les individus et les nations, en assujettissant à la fois l'âme et le corps, l'esprit et la matière, le sentiment et les idées. L'opinion (1) commande, et une

---

(1) *L'opinion* est le plus souvent une *idée d'imagination*, c'est-à-dire, une idée liée avec son sentiment d'affinité, et on *goûte* une opinion lorsqu'on *éprouve le sentiment* qui la fait naître dans l'imagination ; une telle opinion inspire la *foi* la plus vive.

Une opinion, que l'on ne considère que dans les *idées* qu'elle nous présente, nous demeure toujours un peu étrangère ; elle n'acquiert du *poids* et n'inspire de l'intérêt qu'à mesure que le *sentiment moteur de l'opinion* s'empare de nous. L'attachement prodigieux que les nations ont pour leurs opinions chéries, tient, non aux idées, mais aux sentimens moteurs de ces idées. Et comme rien n'est contagieux comme les passions, on conçoit que des opinions liées aux passions nationales, toujours augmentées par l'exemple et par la résistance même deviennent peu à peu irrésistibles.

Les *idées*, considérées comme liées à leur sentiment, feroient le sujet d'un ouvrage. Les Stoïciens fondoient leurs dogmes les plus chers sur le principe : que *le bien* n'est fondé que sur *l'opinion* que nous avons des choses. Voyez le quatrième livre des Tusculanes : cela peut être vrai tant qu'on considère l'opinion dans son union avec son sentiment d'affinité ; mais sitôt qu'on considère les *idées* qui composent les opinions comme *séparées de leur base sentimentale*, cela cesse d'être vrai. Dans le premier cas la *vérité* n'est que dans le sentiment, c'est-à-dire, dans le rapport du sentiment avec les idées ; dans le second la vérité est toute extérieure ; c'est-à-dire dans le rapport, non des idées avec la sensibilité, mais des idées avec les choses extérieures. La première vérité, pour ainsi dire toute poétique n'existe que dans l'imagination ; la seconde au contraire n'existe que dans l'intelligence. De là l'éternité des disputes de l'homme qui argumente de son sentiment, et de l'homme qui n'argumente que d'après ses idées.

fois obéie, l'imitation et l'exemple commencent à creuser une ornière, dont aucun mouvement spontané ne peut faire sortir, et d'où rien ne peut retirer une nation qu'une force étrangère à elle.

§ 4. Il n'y a rien de plus difficile que d'expliquer comment *l'idée* d'un mouvement *que je vois faire*, me fait faire ce mouvement. Je vois lever un bras, et j'imite ce mouvement. Quel rapport y a-t-il entre *l'image* de ce bras levé, placée au fond de mon œil, et l'emploi savant de tous les muscles, qu'il me faut mouvoir, pour réaliser le mouvement que je *vois faire ?*

Ces mouvemens d'imitation ne peuvent être volontaires, puisque la volonté ne connoît ni les muscles, ni les mouvemens qu'il faut leur faire faire pour imiter *l'idée* de ce mouvement, qui est la seule chose sur laquelle la volonté puisse agir, puisque c'est la seule qu'elle connoisse.

Or, si ces mouvemens des muscles ne sont pas le produit de la volonté, il faut, pour opérer l'imitation, qu'il y ait une *liaison préformée* entre l'idée et le mouvement des muscles. En effet, comment *l'imitation de l'idée* s'exécuteroit-elle, si cette liaison n'existoit pas d'avance dans l'automate? La volonté agit sur l'idée, mais c'est dans la faculté d'agir ou de n'agir pas que consiste la liberté de l'homme.

Le mouvement une fois lié à l'idée, il en arrive que *l'idée*, frappée par la volonté agit machinalement, car la volonté ne sort jamais du domaine des idées, et c'est toujours *par les idées*, que nous savons être liées à un organe, et jamais immédiatement et pour ainsi dire à nud, que se fait l'exertion de la volonté.

§ 5. Mais la difficulté n'est que reculée ; comment une idée devient-elle motrice d'un mouvement? Je réponds d'abord que ce ne peut être que par sa partie matérielle, sur laquelle la sensation réagit, que se fait le mouvement des muscles. Il faut donc qu'il s'établisse une *liaison* entre *l'organe* d'une sensation ou d'une idée, et le mouvement des *muscles*.

§ 6. Comment cette liaison peut-elle s'établir? Je réponds que ce n'est que par l'intermédiaire d'un désir. Voyons comment cela se fait.

Le *mouvement musculaire* commence machinalement chez l'enfant nouveau né : les stimulans extérieurs et intérieurs suffisent pour cela. Les appétits nés des autres mouvemens de la vie, s'éveillent de leur côté dans l'animal naissant. Les mouvemens des appétits et les mouvemens musculaires une fois commencés chacun de son côté, par la seule énergie de l'organisation, les *liaisons* entre ces mouvemens s'établissent de toutes parts par le désir, d'après les lois de l'organisation de l'espèce. Chez l'enfant nouveau né, il y a désir de manger. La mamelle une fois placée dans la bouche du nourrisson, le mouvement des lèvres, qui d'abord se faisoit machinalement, se fait *volontairement*, aussitôt que l'enfant a goûté le *plaisir de la première saveur*.

Nous avons alors 1.° besoin de manger dans les organes. 2.° *Désir* dans l'âme; nous avons vu que le désir n'est que la sensation des besoins, c'est-à-dire le besoin énoncé par une sensation. 3.° Le mouvement musculaire qui produit la succion qui donne le lait à l'enfant, est venu fortuitement après le désir. 4.° Ce mouvement, ayant produit une *sensation* de saveur dans l'âme, a pour ainsi dire attaché la volonté aux mouvemens des organes, et noué ensemble les deux substances dans ce point. 5.° Enfin la jouissance complète, venant à éteindre le désir dans le besoin satisfait, achève et finit tout le jeu de la machine. Cette chaîne de sensations et de mouvemens une fois établie, se conserve par une association de mouvemens, et une association correspondante de sensations.

Cette machine composée d'une double association, et d'idées et de mouvemens correspondans, perfectionne son jeu par la répétition des mêmes idées et des mêmes mouvemens.

§ 7. Il y a sans doute entre l'appétit et le mouvement des muscles, des rapports préformés, en vertu desquels le mouvement se lie à l'appétit. Mais le désir d'un objet matériel extérieur, (comme celui d'un aliment,) se trouve aussi avoir des rapports préformés avec cet aliment. Il arrive de là que *l'idée* de l'aliment, en excitant le *désir*, excitera en même temps le mouvement musculaire lié à ce désir (1). Est-ce un aliment que je désire ? j'en aurai ce qu'on appelle l'*eau à la bouche*, c'est-à-dire les papilles nerveuses se dresseront,

―――――――――――――――

(1) S'il n'y avoit pas des rapports préétablis entre les *idées* et les besoins, dont l'âme est avertie par le *désir*, comment le poulet fraîchement éclos sauroit-il trouver le grain qui lui convient ?

et il se formera des secrétions dans l'organe de l'appétit, qui attestent la présence du mouvement musculaire né du désir. Le désir est une sensation du sixième sens, qui se trouve avoir des rapports tellement naturels avec quelques-unes des sensations correspondantes dans les cinq sens, que ces sensations se lient intimement l'une avec l'autre. La soif est une sensation du sixième sens. Présentez de l'*eau* à l'homme mourant de soif, et voyez les rapports intimes établis entre la soif et l'eau, entre la sensation du sens intérieur et celle du sens extérieur. La mémoire qui conserve l'association des idées, conserve aussi la liaison de tous les mouvemens attachée à ces idées, et l'association des mouvemens n'est pas moins réelle que celle des idées.

§ 8. La volonté qui suppose comparaison, préférence et action, la volonté, dis-je, n'aura donc jamais à faire qu'avec la partie spirituelle des idées. Dans l'être mixte, les idées sont à considérer comme des machines douées de plus ou moins de force et de mouvement, selon le plus ou le moins d'affinité qu'elles ont avec le désir moteur des mouvemens musculaires.

§ 9. Je n'ai parlé jusqu'ici que des appétits grossiers. Il faut ne pas oublier que dans l'organisation compliquée des êtres sensibles, il y a toujours quelqu'appétit qui domine, puisque parmi tant d'organes sentans, il y a toujours quelque préférence en avant des autres. Par exemple, *l'activité* est un besoin permanent, qui semble appartenir aux deux substances, puisque l'une et l'autre ont des développemens à faire. Les besoins de l'être mixte émanent de l'énergie de la vie : et les mouvemens des deux substances se trouvent aussi avoir leurs rapports naturels, préformés, infiniment variés, et des points de contact où leurs forces mystérieuses agissent et réagissent l'une sur l'autre. Sans doute que le besoin de penser rencontre, dans la susbtance alliée, des besoins correspondans d'activité; de manière que partout la pensée se trouve liée au mouvement, et qu'il n'y a pas d'idées présentes à l'âme sans quelque mouvement correspondant.

§ 10. Il ne faut donc plus considérer les idées comme de simples modifications de l'âme, mais comme des extrémités de leviers, capables de soulever quelquefois l'homme tout entier, et par lui les nations et le monde. Il faut ne pas oublier, qu'à toute idée est toujours attachée quelqu'action plus ou moins développée, plus ou moins apparente, qui est le résultat naturel de l'organisation et le résultat factice de la vie, c'est-à-dire de toutes les actions et de tous les mouvemens antécédens.

§ 11. Nous venons de voir que les *idées* ont partout quelqu'attache au *désir* qui les a fait naître. Cette liaison médiate ou immédiate de nos besoins et de nos désirs avec les idées, est ce qui, dans les beaux-arts, donne à l'imitation une si haute importance. L'imitation, devant agir comme l'objet imité, doit par conséquent être cet objet, c'est-à-dire, en avoir tous les résultats. C'est de cette perfection d'imitation que naît *l'illusion* dans les beaux-arts.

§ 12. L'imitation doit toujours préférer les objets qui, liés avec ce qui émeut, excitent quelque sentiment moteur de l'imagination. Et l'imagination une fois éveillée, la sensibilité se développe, l'harmonie vient à naître et avec elle la *beauté*.

§ 13. Chez les peuples grossiers et ignorans les arts d'imitation n'agissent d'abord que comme *signe naturel*, et vous voyez le peuple se réjouir des œuvres les plus grossières de l'art, comme d'un espèce de *langage* bâtard et mitoyen entre les facultés peu développées de leur imagination et de leur intelligence. Mais le développement de l'imagination une fois préparé, ces signes *s'embellissent* peu à peu; bientôt *l'art commence avec l'harmonie*, et vous voyez enfin les charmes de la beauté naître du pinceau, de la lyre, du ciseau ou de la plume de l'artiste.

§ 14. L'imitation des actions par l'exemple suit des lois semblables. L'imitation des passions, et de tout ce qui émeut et réveille les appétits est partout prédominante, et comme tous les hommes servent d'exemple les uns aux autres, il en arrive nécessairement que le modèle le plus universel et le plus répété, devient enfin un type national, dont la puissance va croissant par le culte que lui rend l'opinion publique. De là l'irrésistible force des mœurs, toujours plus puissante que les lois et la morale. Dans les grandes villes, tout, le bien comme le mal, se développe mieux qu'ailleurs. Mais comme dans une longue carrière les passions devancent tout ce qui joûte avec elles, il en arrive que la dépravation, née de tous les excès, dépasse de partout les lois et les vertus. Et ce sont précisément les grandes villes, nées des grandes conquêtes, qui mettent fin aux grands empires.

Est-ce la vertu qui domine ? L'imitation morale sera, comme dans les beaux-arts, d'abord machinale; ensuite si la raison vient à naître, il en résultera des principes : car ce n'est jamais que peu à peu qu'une nation s'élève aux mœurs et aux vertus réelles, qui supposent toujours un grand développement national, impossible à atteindre sans des lois bienfaisantes et justes. Le beau moral qui est à la fois le résultat de l'imagination et de l'intelligence, est le dernier fruit du développement de l'homme social.

§ 15. Je ne parle point ici du *langage*, qui de tous les phénomènes de l'imitation est le plus universel, et en même temps le plus merveilleux. Quand on réfléchit au nombre et à la finesse des rapports qui constituent le langage, et à l'universalité de ces rapports, on est étonné de voir, qu'au milieu de tant de liberté apparente, l'homme se trouve réellement enchaîné par l'imitation jusques dans les mouvemens de sa pensée les plus secrets, et les moins connus à lui-même.

CHAPITRE VI.

CHAPITRE VI.

De la réaction des idées sur la sensibilité.

§ 1. *Il y a association entre les sentimens.* § 2. *Les idées agissent par l'intermédiaire de la sensibilité.* § 3. *Comment les objets imités agissent.*

§ 1. JE vais dire quelque chose, de la réaction des idées sur la sensibilité.

J'entends du bruit; j'ai peur : je regarde derrière moi; je vois une *figure blanche*, et ma frayeur redouble. L'*idée* de la figure blanche réagit donc sur le sentiment de la peur.

Si je n'avois jamais dans mon enfance entendu des contes de spectres et de revenans, la figure blanche n'eût pas suffi pour redoubler ma frayeur.

Le redoublement de ma peur vient donc, non d'une *idée* associée, mais des *sentimens* associés avec cette idée : car, quoique le redoublement de la peur vienne de l'*idée* de la figure blanche, cette *idée* n'agit cependant *que par les sentimens* associés avec elle.

§ 2. Les idées associées, les opinions, n'émeuvent jamais par elles-mêmes, mais seulement en vertu du sentiment associateur dont elles conservent toujours le mouvement. Les sentimens ont de grandes affinités avec les sentimens de même nature, comme la peur qu'on a ressentie en a avec celle qu'on éprouve. Il y auroit des recherches intéressantes à faire sur les affinités des sentimens, qui peuvent avoir plus ou moins de rapports, et pour ainsi dire d'attraction les uns avec les autres, suivant les rapports des organes mus par ces sentimens.

L'on peut donc admettre comme probable, que les *idées* ne réagissent sur les sentimens que par leur association directe avec des sentimens analogues. Tout plaît dans la personne qu'on aime déjà, parce que c'est par le sentiment qu'on la juge. Ce qui choque nos opinions déplaît, parce qu'on choque le sentiment qui a formé ces opinions.

Une personne qui a souvent aimé, sera plus disposée à se laisser encore entraîner à l'amour, parce que ce sentiment trouvera dans tous ses souvenirs des alliés, mais une telle personne sera disposée à l'inconstance, parce que son sentiment s'étant déjà désassocié plusieurs fois d'avec son objet, a pour ainsi dire perdu de sa force d'adhésion aux idées.

3.º La réaction des idées sur la sensibilité est cause du grand effet de l'imitation de certains objets. Les beaux-arts préfèrent les sujets qui, représentant les passions, sont par là même préparés à reproduire des mouvemens passionnés. Car ce que nous appelons *représentation des passions* suppose la représentation précise de tout ce qui est propre à émouvoir les passions.

Nous ne voyons que par notre propre sensibilité, c'est-à-dire nous ne voyons que, ce qui étant en rapport avec elle, est capable de l'émouvoir. Les animaux domestiques savent très-bien distinguer le maître irrité du maître qui les caresse; mais s'ils savoient peindre, sans doute que leur portrait du maître irrité seroit bien différent de ceux que nous faisons nous-mêmes des passions de nos semblables.

Les beaux-arts supposent trois choses.

1.º Une imitation parfaite.

2.º Des sujets capables d'exciter un sentiment moteur.

3.º L'expression complète de l'harmonie.

Sans *l'imitation* parfaite, le Christ de la Transfiguration, au lieu d'être le Sauveur du monde, ne seroit que du bois ou de la toile peinte. Sans un *choix* d'objets *capables d'é-*

mouvoir la sensibilité, l'imagination privée de sentiment, demeureroit glacée, sans idées et sans vie. Enfin sans *l'harmonie* point de beauté, point de poésie, rien d'idéal, rien qui élève l'âme au-dessus de la prose de l'existence.

DÉVELOPPEMENS.

LES PASSIONS.

CHAPITRE PREMIER.

§ 1. *Les idées des cinq sens n'ont de mouvement que par la sensibilité.* § 2. *L'idée dirigeante tient par sa partie matérielle aux besoins de l'automate, et par sa partie spirituelle à la volonté.* § 3. *Dans les passions la sensibilité agit toujours par les idées.* § 4. *Toute passion agréable ou désagréable tend vers une jouissance capable de l'éteindre.* § 5. *L'imitation suppose association dans les idées et dans les mouvemens.* § 6. *Toutes les lois de l'imagination laissent quelque empreinte dans les idées associées.* § 7. *La passion dominante enchaîne non-seulement les idées, mais encore les mouvemens correspondans à ces idées.* § 8. *La force originelle des passions est déposée dans l'organisation.* § 9. *De la désassociation des idées.* § 10. *Les associations d'idées sont tenaces en raison de la force du sentiment associateur.* § 11. *Tout sentiment nouveau éprouve une résistance dans les associations anciennes.* § 12. *Du sentiment dominant.* § 13. *Tout mouvement qui se fait dans*

le sens du sentiment dominant est agréable.
§ 14. *Accélération dans les mouvemens des passions.*

§ 1. UNE sensation est ce qu'elle est : sa simple présence dans l'âme n'est d'aucun effet, et la seule *contemplation* d'une idée ne sauroit produire aucune *émotion* ni aucune *action*.

Il n'est pas moins vrai que je n'éprouve aucune passion quelconque sans avoir quelqu'*idée* qui en détermine le mouvement, et pour ainsi dire la direction et la route. La détermination du mouvement de sensibilité vient donc de l'idée dirigeante, mais l'idée dirigeante n'est mue que par la sensibilité.

§ 2. L'idée aussi est un être mixte ; elle tient d'un côté au *moi*, c'est-à-dire à l'âme, et de l'autre à un organe. Par son organe elle tient à tous les organes où résident les besoins physiques, et par sa partie spirituelle, (par celle que le *moi* éprouve) elle tient à la *volonté*, dont les opérations sont purement spirituelles. En effet, nous avons vu que la volonté se déterminoit d'après son propre *choix*, qui est le résultat d'une opération purement spirituelle, produite par la *comparaison* entre plusieurs idées ou plusieurs sensations, et comme la volonté n'est jamais déterminée que d'*après ces comparaisons*, elle ne l'est jamais mécaniquement.

§ 3. Dans les passions l'association des idées se fait par l'intermédiaire de l'idée dirigeante; chaque passion a son idée dirigeante que j'appelle *son objet;* cette idée souvent émue par un même sentiment appelé *désir,* trouve dans les organes des dispositions préformées correspondantes à cet objet. J'ai faim, voilà le désir, dont l'origine est dans l'organisation ; je pense au pain, voilà l'idée dirigeante. J'en mange, voilà la jouissance, qui, en vertu des lois de l'organisation vient éteindre le désir, et avec lui tous les mouvemens. Ce même désir prolongé et combattu par des obstacles, peut dans une famine devenir une *passion*, et en avoir tous les caractères. L'action centrale des passions sera toujours dans l'idée dirigeante, qui devient le centre de tous les mouvemens, et de toutes les idées associées.

§ 4. On peut établir comme principe, qu'à tout désir répond une jouissance déterminée, que les passions les plus tristes ont leur vœu, et une direction unique vers l'objet capable de les éteindre. Je ne parle point ici des sentimens moreaux, qui supposent d'autres principes, qui exigeroient l'analise de l'intelligence.

§ 5. En considérant les désirs et les jouissances comme des sensations du sixième sens, on conçoit que le *désir*, *l'objet* et *la jouissance* (1) sont trois choses correlatives *dans l'âme* comme *sensation*, et *dans leurs organes* comme *agens* et puissances motrices de l'homme.

L'association des idées suppose la singulière disposition des *organes* des idées à agir les uns sur les autres, disposition qui ne peut se réaliser que par la sensation primitive. En effet je ne puis point *rappeler* une idée dont je n'ai jamais éprouvé la sensation. C'est là le

---

(1) *Besoin*, *désir et jouissance* font partie d'un seul et même mouvement. Ils ont dans les organes une route toute tracée par la nature, de manière que si *l'objet* de la jouissance se trouvoit toujours réuni au désir, et que par conséquent rien ne dérangeât la marche de la nature, il faudroit considérer ces trois choses comme trois points d'un même mouvement.

Il en arrive que le *désir* imprime à son *objet*, (qui est une idée des cinq sens) un mouvement *déterminé d'avance par le besoin*. Ce mouvement est celui qui *tend à la jouissance*, c'est-à-dire à ce point où le besoin s'éteint lui-même.

Mais entre le désir et la jouissance se trouve *l'idée*, devenue *l'objet* du désir; c'est par cette idée que le désir agit, c'est sur elle que les mouvemens répétés du désir opèrent. Cette idée devient dès-lors une puissance capable d'ébranler, et de détruire même toute l'organisation. Cette idée travaillée par l'intelligence peut aussi devenir un gouvernail pour la raison; en un mot cette idée est le levier des actions humaines.

seul fondement de ce que je puis appeler *la réalité des objets*.

§ 6. L'*imitation* suppose qu'à l'action des *idées* associées qui s'éveillent l'une l'autre, répond une action analogue dans les *mouvemens musculaires*, de manière qu'à toute série d'*idées* correspond une série de *mouvemens musculaires* plus ou moins prononcés, et plus ou moins efficaces, suivant leurs rapports avec l'état naturel ou factice des organes.

§ 7. Une passion, dans son développement parfait, suppose des associations d'idées toutes rayonnantes de rapports convergeans dans le sentiment moteur. Nous verrons que, tout sentiment *nouveau* qui arrive à l'âme, se trouvant avoir des rapports particuliers d'affinité avec les idées de sa préférence, tend toujours à changer les associations qui lui sont contraires, pour en former qui soient en rapports avec lui-même. Ce principe est de la plus haute importance dans la morale, puisque, dans sa partie psychologique, elle repose toute entière sur l'action réciproque des idées sur les sentimens, et des sentimens sur les idées.

Mais la loi de l'imagination, qui *choisit* les idées convenables au sentiment moteur, n'est pas la seule qui laisse son empreinte dans l'association des idées.

Le choix des idées une fois fait, la loi de *l'intensité* des idées, règle *l'ordre* dans lequel les idées de préférence se suivront, et la loi du *mouvement* détermine la *vitesse* avec laquelle elles se suivront ; enfin la loi des *idées successives* forme le lien de toutes les idées dominées par un même sentiment moteur.

Si tous les mouvemens de l'imagination, qui composent une passion, se fesoient de manière que toutes les idées subordonnées au sentiment pussent ne suivre que leurs lois, il résulteroit du concert de toutes ces lois un *sentiment d'harmonie* que les passions primitives nous font quelquefois éprouver comme nous le verrons dans la suite.

On voit donc que toutes les lois de l'imagination peuvent exercer leurs influences sur l'association des idées, qui toutes portent quelque chose de l'empreinte de chacune d'elles.

§ 8. Le maximum de la passion suppose des mouvemens *dans les organes* de la passion toujours correspondans aux mouvemens de l'âme, de manière que la force de la passion tient à la fois l'âme et les organes liés par une double chaîne. J'observe que ces deux phénomènes de l'association des *idées* et de l'association des *mouvemens musculaires*, supposent l'action du temps, et une suite souvent répétée des mêmes idées et des mêmes mouvemens.

§ 9. Les passions ne peuvent arriver à toute leur puissance que lorsqu'elles trouvent dans l'organisation des *dispositions préexistantes*, faites pour agir *dans un sens déterminé*, et *vers un but unique* appelé *jouissance*, auquel tons les mouvemens de l'âme et des organes vont converger. Ce but, dans sa première origine, tient toujours à la conservation de l'individu ou de l'espèce, et c'est dans *l'unité* de ce but, et dans *l'unité* d'action que consiste la force des passions, qui peut croître au point de bouleverser à la fois toutes les puissances de l'âme et du corps. Et comme toutes les passions primitives naissent de l'organisation, sans doute que chaque animal a des passions analogues à ses organes.

Nous allons développer ces principes, et comme il n'y a rien de plus essentiel dans la théorie de l'imagination que l'action de la sensibilité sur les idées déjà *associées*, et la réaction de ces idées sur les sentimens nouveaux qui arrivent; je vais développer l'action de la sensibilité sur les idées associées.

Un sentiment arrive-t-il pour ainsi dire

dans l'assemblée des idées, il en résulte trois choses. Nous avons vu que tout sentiment moteur avoit ses idées de préférence ; ce principe est le fondement de l'invention dans les beaux-arts, et des innombrables combinaisons d'idées produites par l'imagination qui, à chaque nuance de sentiment présente des idées nouvelles.

Nous avons vu que, dans le domaine de l'imagination, c'étoit la sensibilité qui formoit le lien de l'association des idées. Il s'ensuit, que cette même sensibilité, qui unit les idées, lorsqu'elle agit dans un sens, tend à les désunir, lorsqu'elle agit dans un sens opposé. Et n'a-t-on pas observé dans tous les temps et chez tous les hommes, que les passions *relâchoient* les principes de la raison, et qu'elles atiédissoient tous les sentimens qui n'étoient point elles ? Voyez l'amour arriver dans l'âme d'un jeune homme ; comme toutes les idées de son enfance, souvent les principes de son éducation changent, s'annoblissent ou se dégradent suivant l'objet de sa passion ! Ecoutez Hippolyte.

« Un moment a vaincu mon audace imprudente,
» Cette âme si superbe est enfin dépendante.
» Depuis près de six mois, honteux, désespéré,

» Portant partout le trait dont je suis déchiré,
» Contre vous, contre moi, vainement je m'éprouve.
» Présente, je vous fuis, absente je vous trouve.
» Dans le fonds des forêts votre image me suit;
» La lumière du jour, les ombres de la nuit,
» Tout retrace à mes yeux les charmes que j'évite.
» Tout vous livre à l'envi le superbe Hyppolite.
» Moi-même pour tout fruit de mes soins superflus,
» *Maintenant je me cherche et ne me trouve plus.*
» *Mon arc, mes javelots, mon char, tout m'importune;*
» *Je ne me souviens plus des leçons de Neptune.*
» *Mes seuls gémissemens font retentir les bois,*
» *Et mes coursiers oisifs ont oublié ma voix.* »

Le reproche que l'on fait à l'imagination de n'avoir pas de mémoire, est en partie fondé sur l'observation constante, que l'imagination tend sans cesse à délier les anciennes associations, pour en créer de nouvelles, selon le goût nouveau qui lui arrive.

Le second effet de la présence du sentiment moteur dans l'âme est de former des associations nouvelles. Plus le sentiment est vif et décidé, et plus ses associations sont fortes, complètes, et précises dans leurs rapports avec lui-même et avec lui exclusivement. Et c'est un des grands inconvéniens des passions fortes : elles établissent dans l'âme des ordres d'idées qui ne sont en harmonie qu'avec un sentiment souvent passager, et toujours mobile qui, lorsqu'il a fini son drame, laisse l'âme entourée d'images qui bien souvent ne font que son supplice. Si l'on regrette le sentiment perdu, tout cet appareil d'une fête qui n'est plus, ne laisse après elle que le vide ou les regrets du cœur. Si au contraire le sentiment vient à s'éteindre peu-à-peu, on se trouve peu-à-peu déplacé dans son intérieur. Mais ce qu'il y a de plus triste se sont les souvenirs de l'homme livré aux plaisirs des sens : son âme souillée d'images avilissantes, ne lui fait voir que les objets décolorés de ses plaisirs, devenus les auteurs de ses supplices, et quelquefois de ses remords. Tourmenté à la fois par les sentimens qu'il éprouve, et par les souvenirs qui s'agitent autour de lui, il ne vit plus que pour l'avilissement et la douleur.

L'action de la sensibilité dans un moment donné n'est pas infinie. Elle ne désassocie que peu-à-peu pour ne former que peu-à-peu des associations nouvelles. C'est ainsi qu'à l'arrivée du soleil nous voyons les nuages changer de formes pour se dissiper peu-à-peu, et reparoître ensuite sous des formes nouvelles, tantôt brillantes et colorées et tantôt sombres et orageuses.

§ 12. Le troisième effet de l'arrivée d'un sentiment dans l'âme, vient de la résistance que ce sentiment éprouve, soit dans des goûts opposés, déjà établis sous leurs propres formes, et fixés par des associations convenables à eux seuls, soit de la part des *principes*, c'est-à-dire des idées plus ou moins généralisées, et toujours disposées à déployer un mouvement contraire à celui de la sensibilité motrice.

§ 13. Le résultat de ses actions opposées sera la somme de leurs forces convergentes, déduction faite de ce qui s'en est perdu à surmonter les mouvemens opposés. De là ces combats fréquens qui déchirent l'âme de l'homme passionné, et dont le bruit retentit sur les théâtres de toutes les nations. De là vient que nous voyons les forces morales produire des phénomèmes semblables à ceux des forces physiques; nous voyons les bassins de la balance plus ou moins inclinés, varier continuellement; quelquefois s'arrêter au point de l'équilibre, pour tomber le moment d'après en élevant tout à coup la force vaincue.

§ 14. Règle générale. Tout ce qui est dans le sens de *la force dominante*, soit qu'elle vienne de la sensibilité ou bien de la raison, *est agréable ;* tout ce qui en arrête le développement nous déplaît, et l'âme trouve une satisfaction non moins grande dans le triomphe de la raison, qu'elle n'en eût trouvé dans sa défaite. De là les plaisirs de la vertu qui commencent au moment même de notre victoire sur les passions ; et qui laissant l'âme doucement émue par l'harmonie universelle des idées avec les sentimens, ne l'attache qu'à ce qu'elle peut toujours aimer.

§ 15. Il y a dans les passions une accélération morale comme il y en a dans la chute des graves. La force opposée aux passions se trouve dans les associations d'idées *contraires au sentiment* de la passion, et *dans les organes* qui ne peuvent pas céder tout-à-coup à des mouvemens inconnus. On conçoit, que ces deux obstacles disparoîtront bientôt : les idées associées, (les opinions et les principes,) changeront peu-à-peu pour faire place à de nouvelles décorations d'idées ; et bientôt les organes se feront à tout ce qu'un sentiment vif et prolongé exigera d'eux ; ce qui arriveroit très-vîte, si l'organisation primitive, le tempérament et les habitudes se trouvoient déjà d'accord avec la passion.

Tant qu'il y a des obstacles à vaincre, le
sentiment

sentiment ne peut agir avec toute sa puissance ; mais, les obstacles une fois levés, on voit la passion enchaîner à la fois l'âme et les organes. Dès lors il n'y a plus de liberté; l'homme, privé de sa superbe indépendance, devient borné dans ses goûts, étroit et exagéré dans ses idées ; ses nombreuses chances de bonheur sont réduites à une chance unique, et ses organes paralysés n'ont plus qu'un mouvement de libre.

L'on voit que cette action et cette réaction continuelle des idées sur les sentimens, et des sentimens sur les idées, est précisément ce qui compose le jeu de l'imagination, de manière que l'on peut dire, que les passions ne sont que l'imagination exaltée, qui s'est enchaînée elle-même à des organes exaltés.

CHAPITRE II.

Besoin et désir.

§ 1. *Le désir excite l'idée.* § 2. *Le désir est la sensation du sixième sens, son objet est le besoin de quelqu'organe.* § 3. *Le sixième sens est l'intermédiaire entre l'âme et l'automate.* § 4. *Grande affinité entre les idées et les sentimens.* § 5. *Chaque mouvement de sensibilité est le résultat de ce qu'on a précédemment senti.*

§ 1. La vie de l'automate suppose un certain ordre et une certaine intensité dans les mouvemens des organes. Mais tous ces mouvemens ne peuvent se prolonger sans secours étranger, et sans quelques objets extérieurs. L'individu périroit si la faim, la soif et le besoin de respirer ne le rappeloient sans cesse à la vie, et l'espèce périroit si l'amour pouvoit jamais s'éteindre dans le cœur de l'homme.

§ 2. Il faut considérer le sixième sens comme semblable à tous les autres. D'un côté il est en communication avec l'âme par la sensibilité; de l'autre il est en communication avec les objets appelés *besoins* qui se trouvent en rapport avec sa nature particulière.

Le *besoin* de boire est un *mouvement* des organes qui se trouve avoir des rapports naturels avec le *désir* de boire, c'est-à-dire avec la *sensation* de la soif.

J'appelle *besoin*, l'agent excitateur de la sensibilité placé dans l'organe du sixième sens, et j'appele *désir*, la *sensation* qui résulte de l'action de cet agent sur l'âme. La sensation de la soif est l'expression d'un *certain mouvement* de l'organe du besoin, comme la sensation d'un *son* est l'expression d'un certain mouvement de l'organe de l'ouïe. Le besoin est à la sensation de ce besoin appelée *désir*, ce que le mouvement de tout autre sens est à la sensation excitée par ce mouvement. Le besoin de *manger* est à la sensation de la *faim* ce que le mouvement du sens de la vue qui produit telle couleur, est à la sensation de cette couleur; avec cette différence, que nous ne portons pas dans nous-mêmes, les couleurs et les sons, tandis que les agens des mouvemens de sensation du sixième sens, marchent avec nous; et faisant partie de nous-mêmes, sont inséparables de l'homme.

Le besoin est annoncé et connu par le désir. Le désir est donc le *véritable langage* du besoin, mais un langage énigmatique, dont le mot se trouve placé dans ce qu'on appelle jouissance.

Les besoins de l'organisation ne s'adressent pas toujours à l'âme par la sensibilité. Il y en a qui n'agissent que par l'irritabilité, comme la circulation du sang, la secrétion des humeurs, la digestion, etc.

D'autres besoins ne parlent que foiblement et par intervalles à la sensibilité, parce qu'ils peuvent pour se satisfaire se passer du secours des idées. La respiration, la toux, les soupirs, les éternuemens, les évacuations, les vomissemens, les bâillemens, les mouvemens d'inquiétude produits par la douleur, le besoin de repos ou de mouvement etc., sont de l'espèce des besoins appelés *demi-volontaires*, non qu'ils ne soient volontaires qu'à moitié, mais parce que dans la plupart des cas ils ne le sont point du tout.

Ce sont surtout les besoins de la faim, de la soif et de l'amour, qui, par la sensibilité s'adressent aux *idées* des cinq sens, chargées pour ainsi dire de courir le monde pour les satisfaire.

§ 3. L'on voit que le sens de l'organisation, ou le sixième sens est l'intermédiaire entre l'âme et l'automate, comme l'œil est l'intermédiaire entre l'âme et les couleurs.

Quand la sensibilité agit sans *idées*, elles produit des sensations sourdes, latentes, sans nom, incapables d'éveiller le sentiment du *moi* réfléchi.

§ 4. Les besoins excitent la sensibilité motrice, et nous avons vu, que, dans le domaine de l'imagination, l'initiative des idées appartenoit à la sensibilité. Il paroît, qu'entre la sensibilité et les idées des cinq sens existent des rapports capables de faire naître des liens d'association très-forts et très-puissans : la force de ces liens est en raison de la force des sentimens associateurs. Sans doute que, dans les organes de ces idées, il peut exister des dispositions plus ou moins grandes à s'associer ensemble. Ces dispositions peuvent en partie avoir leur origine dans la première éducation, où rien n'est indifférent, et où toutes les impressions qui ne se manifestent pas sur l'heure, vont se déposer au fond de l'âme comme des germes destinés à ne se développer que dans l'avenir; de manière que l'action du moment est déjà une action pour l'avenir.

Dans le domaine de l'imagination les associations des idées sont à considérer comme l'expression de la sensibilité; chacune de ces associations porte l'empreinte du sentiment moteur, en sorte que, parmi des idées données la plus vivement frappée est la première de la série, et ainsi de suite. L'idée de ce que l'on préfère n'est-elle pas en avant de toutes les autres? La passion dominante n'est dominante que parce que l'idée *dirigeante* de cette passion, est toujours la première des idées, et que les actions qui sont dans le sens de cette idée, sont toujours les premières que l'on fait, et par conséquent les premières que l'on fera encore.

§ 5. Remontez d'association en association jusqu'au premier jour de l'enfance, et vous n'aurez que des séries d'idées produites chacune par le sentiment dominant du jour, et plus ou moins altérées par celui du lendemain : de manière que la vie la plus longue, ne sera que le résultat exact des sentimens qui ont associé et désassocié les idées. Chaque moment donné sera l'expression parfaite de tout ce qu'on a senti et pensé dans tous les momens qui ont précédé. Pensée consolante et terrible à la fois, qui nous apprend que, lorsque nous croyons ne faire que la destinée du jour présent, nous influons encore sur celle de la vie entière : ce qui double l'importance de nos pensées et de tous nos sentimens, en nous dévoilant l'avenir placé en dépôt dans notre propre volonté.

CHAPITRE III.

Désir et jouissance.

§ 1. *A tout désir répond une jouissance.* § 2. *Entre le désir et la jouissance est placée l'idée.* § 3. *La jouissance est le complément du désir.* § 4. *Les idées source du plaisir ou de la douleur.*

§ 1. Nous avons vu qu'à chaque idée étoit attaché un mouvement de réaction sur les organes. Or, dans les passions ce mouvement est prodigieux, et c'est là que gît le secret de leur puissance.

Les organes sont préformés de manière que tout désir est produit par le mouvement de quelque besoin, et qu'à tout désir qui n'est pas troublé dans sa marche répond une sensation du sixième sens corrrelative avec ce désir, que l'on appelle *jouissance*.

§ 2. Entre le désir et la jouissance est placée *l'idée*, et auprès de l'idée est la *volonté*, comme on le verra dans la suite. Je l'ai déjà dit : si la jouissance suivoit mécaniquement le désir, chaque besoin auroit sa marche toute tracée ; chaque appétit trouveroit par lui-même son commencement et sa fin. Et c'est parce que l'objet de l'appétit nous manque, que nous sommes forcés à recourir aux *idées* des objets extérieurs capables de fournir à nos besoins. C'est donc de la misère apparente de notre condition que s'élève la liberté et l'intelligence, c'est parce que l'homme se trouve n'avoir pas la nourriture aisée que la nature accorde à la plante, qu'il est au dessus des végétaux ; et c'est par la *faillibilité* même de notre instinct que nous sommes plus que les animaux et les insectes. En effet ne voit-on pas dans l'abandon apparent de l'homme, l'intention de la nature de l'ennoblir par la raison, par les lois et par quelques vertus, et de le porter par là à quelque chose de plus grand que cette végétation accordée à tant d'êtres doués de moins d'organes, et sans doute aussi de moins d'avenir et d'espérances moins sublimes.

§ 3. Il faut distinguer ce qui se passe dans l'automate, de ce qui se passe dans l'âme. Dans l'automate la jouissance est le complément du besoin ; de manière que le besoin, plus la jouissance forment un tout parfait, et un même mouvement continué. Mais *l'idée*, placée entre le désir et la jouissance, se détermine naturellement pour la jouissance, parce que excitée par le désir elle trouve dans les organes des dispositions déterminées d'avance par le désir. Tous ces rapports supposent une organisation préformée, qui dans l'automate fait de la jouissance le complément du besoin, tandis que dans l'âme le *plaisir de la jouissance* fait le complément du *sentiment du désir*. Tel est pour ainsi dire l'appareil de la nature, mais l'homme réservé à de plus hautes destinées qu'à celle de vivre, trouve entre le désir et la jouissance tout l'univers. *Le désir excite en lui les idées*, qui le forcent à se mettre en contact avec ce qui n'est pas lui. Une fois sorti de lui-même, il se trouve frappé tout à coup par mille rapports avec les choses, avec ses semblables, avec le monde tout entier; et c'est dans ce cahos qu'il doit retrouver ce qui importe à la conservation de sa vie, c'est-là qu'il doit renouer pour ainsi dire les deux bouts de son organisation, le besoin et la jouissance.

Voyez dans Thucydide les tourmens que les Athéniens eurent à souffrir en Sicile de la soif qui les consumoit, il eût fallu une bataille et une victoire pour boire de l'eau. C'est l'image de la vie de tous les hommes ; tous combattent pour vivre, tous ne veulent qu'achever le passage du désir à la jouissance, entre lesquels il y a partout des abîmes.

Le désir est toujours une sensation non accomplie, qui cherche quelque part son complément; c'est un mouvement non achevé de l'organe, qui tend à poursuivre sa route. L'on conçoit que si c'est la sensibilité qui réveille les idées, elle peut communiquer à ces idées une *tendance*, qui est celle du sentiment moteur. Cette tendance cherche toujours la jouissance du désir, qui fait l'âme du sentiment et le mobile de l'imagination. L'idée éveillée par la sensibilité peut être agréable ou désagréable suivant l'état de la sensibilité motrice, et les sensations du sixième sens dont elle se trouve entourée à sa naissance.

§ 4. La discordance entre le désir que l'on éprouve, et la sensation qui survient du dehors, est la source du *déplaisir*, comme leur accord est celle des sensations agréables. Ce qui répugne à l'état actuel et à la nature d'un organe est la source de la douleur, comme ce qui lui convient est la source du plaisir physique. Sans doute que le serpent ou la chenille tourmentés par un besoin, ont du plaisir à se dépouiller de leur peau, parce que cette opération est *en accord avec leur nature*, tandis que chez l'homme elle seroit la suprême discordance et la suprême douleur.

La douleur ou le plaisir physique, et les sentimens agréables ou désagréables nés de cet accord ou de cette discordance de nos idées avec les mouvemens les plus secrets de nos désirs, peuvent, en éveillant de nouvelles idées, se combiner avec ces idées d'une infinité de manières. Chacune de ces combinaisons produit quelque nouveau phénomène. Ce sont les lois de tous ces phénomènes qui constituent la théorie des sentimens qu'il étoit impossible de trouver avant de connoître les lois de l'imagination et de l'intelligence, dont les lois des sentimens agréables ou désagréables ne sont que des applications..

CHAPITRE IV.

De la nature et des effets du désir.

§ 1. *Le désir donne une tendance aux idées.*
§ 2. *Son origine est dans l'organisation.* § 3. *Le désir s'annonce par certains mouvemens dans les organes.*

§ 1. L<small>E</small> sentiment moteur de l'imagination, qui est toujours un désir, donne aux idées qu'il éveille quelque chose de la tendance de ce désir. Or dans les passions, *l'idée* réagit toujours sur les organes, où elle trouve déjà une forte tendance à l'achèvement du désir par la jouissance. Il faut ne perdre jamais de vue l'accord constant des phénomènes de l'âme avec ceux de l'automate, en vertu duquel l'esprit est mis en contact avec l'univers, tandis qu'il est lui-même développé par l'influence des choses qui ne sont pas lui, mais avec lesquelles la nature l'a mis en rapport : sublime harmonie des deux substances, où l'existence se développe par la connoissance, et où l'on peut dire avec Pope qu'obéir à Dieu c'est jouir !

T'enjoy is to obey,

Ecoutons l'excellent De La Roche, qui a écrit sur les organes de la sensibilité, c'est-à-dire sur les nerfs.

« Il n'y a aucune partie du corps humain
» où la substance médullaire soit exposée à
» l'action immédiate des corps qui l'envi-
» ronnent. Les extrémités des nerfs sur la
» peau sont recouvertes par l'épiderme, et
» dans la bouche, la gorge et les intestins
» par une membrane qui lui est analogue.

» D'ailleurs toutes les parties du corps sont
» défendues à la surface par l'exsudation de
» quelque humeur grasse ou muqueuse, qui
» contribue aussi à tempérer leur sensibilité.
» Il est aisé de voir que ces humeurs et ces
» membranes interposées entre les corps exté-
» rieurs et les extrémités sentantes des nerfs,
» doivent beaucoup modifier la sensibilité de
» ceux-ci, laquelle augmente lorsque ces
» corps intermédiaires, soit solides, soit
» humides, viennent à manquer ou à s'atténuer.
» C'est ce qui arrive lorsque la peau est
» dépouillée de son épiderme, ou lorsque
» dans un rhume récent le *mucus* de la gorge et
» des bronches perd la consistance et devient
» aqueux. Les doigts perdent la finesse du
» toucher, lorsque par des travaux rudes

» l'épiderme s'épaissit. Dans d'autres organes
» la nature à cherché à augmenter l'intensité
» des nerfs, comme dans l'œil et probablement
» aussi dans l'oreille, où les nerfs tout-à-fait
» épanouis seroient aisément lésés, s'ils
» n'étoient défendus par les enveloppes des
» organes ».

§ 3. Telles sont les dispositions naturelles des organes de la sensibilité, quelque désir vient-il à se manifester, nous en voyons résulter des phénomènes constans, qui annoncent la vivacité de la sensation, et sans doute la tendance des organes à se porter dans le sens de ce désir.

« Les extrémités destinées à recevoir des
» sensations, sont partout accompagnées de
» petits vaisseaux, que la nature paroît avoir
» multipliés dans les organes des sens; comme
» pour y maintenir la substance nerveuse dans
» l'état de tension nécessaire à la sensibilité.
» Aussi le nerf optique avance dans l'orbite
» de l'œil accompagné d'une artère qui se
» divise en une multitude incroyable de petits
» vaisseaux, lesquels se dispersent par toute
» la rétine. La surface de la substance olfactive
» est de même couverte de petites artères qui
» s'y ramifient à l'infini. Nous voyons la même

» chose sur toute la peau. Dans quelques
» organes, dont la sensibilité n'est pas appelée
» à s'exercer toujours, il se fait une tension
» momentanée à l'instant où cela devient
» nécessaire; les vaisseaux de ces parties étant
» par un mécanisme particulier susceptibles
» d'admettre une plus grande quantité de
» sang qu'ils n'en contiennent à l'ordinaire.
» C'est ce qu'on voit manifestement dans les
» houppes nerveuses de la langue, qui à
» l'approche de quelque mets agréable,
» s'élèvent et se dressent comme pour mieux
» en savourer le goût. »

Je ne fais que citer un exemple pour faire voir à quel point le langage du désir est précis et prononcé. S'il nous étoit donné de pénétrer dans les profondeurs de l'organisation, nous y verrions à chaque désir quelque mouvement commencé qui n'attend pour s'achever que les ordres de la volonté, et qui s'achèveroit tout seul, si une force opposée n'y mettoit pas obstacle.

CHAPITRE V.

Ce qui fait la force des Passions.

§ 1. *La force des passions est dans l'organisation.* § 2. *Dans les idées.* § 3. *Dans l'unité des mouvemens.*

§ 1. Les germes des passions sont préformés, et déposés dans l'organisation. Les appétits, nécessaires à la conservation de la vie de l'individu et de l'espèce, se développent en première ligne, et cela dans l'ordre assigné par la nature. L'enfant nouveau né veut manger et boire, comme l'adulte veut aimer avant toute autre chose. Tel est pour ainsi dire *le fond* de l'organisation.

Mais comme la sensibilité n'est jamais sans émotion, le sentiment sans cesse combiné avec les idées, produit des mouvemens plus ou moins accélérés ou rallentis, des associations d'idées, et des réactions plus ou moins énergiques, plus ou moins décidées, qui composent le jeu de l'imagination, et font naître des passions accidentelles plus ou moins fortes.

§ 2. Les passions se développent par les idées

idées, et c'est dans ce sens qu'elles sont volontaires. Quand je cède à un sentiment combattu, je suis vaincu non par la passion du jour, mais par celle d'hier, et de tous les jours qui ont préparé ma défaite d'aujourd'hui. Il n'y a pas de passion qui ne soit plus ou moins l'ouvrage du temps, et même la subite irascibilité des gens bornés est toujours préparée par des goûts concentrés, qui, par des mouvemens répétés et presque continuels, forment d'avance des points d'explosion dans l'âme.

La passion commencée trouve dans l'âme des *idées déjà associées* par des sentimens antérieurs à cette passion. C'est toujours l'idée du moment la plus vive qui passe avant les autres, et qui reste là jusqu'à ce qu'une idée plus puissante vienne la déplacer. Il en résulte que la passion dominante range peu à peu toutes les idées d'après ses émotions continuelles, de manière que l'âme toute entière passe enfin sous ses lois en conséquence des mouvemens répétés de sa propre volonté. Tel est l'effet des passions sur les idées !

Mais ces idées seroient sans pouvoir sur les actions, si à chaque association n'étoit pas attaché un *principe d'action*, proportionné à la force du sentiment associateur. Ce principe d'action, est toujours celui-là même qui est dans la tendance du sentiment moteur, qui, dans les passions, est toujours un désir, c'est-à-dire, un mouvement commencé, qui cherche à achever son jeu.

§ 3. J'appelle *action* tout mouvement opéré en conséquence d'une idée devenue *l'objet* de la volonté. Toutes les actions se composent d'un grand nombre de mouvemens, qui chez l'homme non passionné, peuvent, par la contrariété de leurs directions, être plus ou moins en équilibre, ou plus ou moins retardées. Mais si tous ces mouvemens partiels prennent une direction *uniforme*, leur résultat sera la somme *totale* de leurs forces. C'est précisément le cas des passions, qui tendant toujours au même but, forment peu à peu des foyers de forces, et préparent des points d'explosion.

D'un côté les associations d'idées passionnées se multiplient, et de l'autre *l'action* de ces idées devenant de plus en plus forte et *convergente*, la somme totale des forces réunies de la passion sera le produit de toutes les associations d'idées, augmentées par des forces devenues de plus en plus concentrées. Il se formera donc *un grand foyer* composé de beaucoup de foyers particuliers.

Il y a plus : la *mobilité* et le *nombre* des idées va croissant avec l'entraînement de la passion, qui peu à peu associe la nature entière à son être, et se crée elle-même son univers.

Ajoutez, qu'à mesure que la passion prend de l'empire les résistances disparoissent de partout, les forces retardatrices tombent de tous côtés, et le torrent, grossi par toutes les sources de la pensée, abat et entraîne l'œuvre du passé, et couvrant à la fois tous les souvenirs, il n'est plus qu'une pensée et qu'un sentiment unique. Mais comme toute passion n'est qu'un désir, elle ne peut *durer* que par les obstacles, et finit également et par trop de résistance et par trop de succès.

CHAPITRE VI.

Unité des passions.

§ 1. *Quel est le caractère des passions.* § 2. *L'unité des passions comparée à l'unité de l'harmonie, et à l'unité de l'intelligence.* § 3. *Effets des contrastes sur les passions.*

§ 1. Ce qui caractérise les passions et les distingue des autres désirs, c'est *l'unité* d'une action très-multiple. La puissance des machines morales, comme celle de toutes les machines, consiste dans une action centrale, où toutes les forces partielles vont se réunir.

§ 2. Les passions aussi ont *une unité dans le multiple* qui n'est point celle de l'harmonie, encore moins celle de l'intelligence, qui dans ses abstractions semble aussi embrasser le multiple. Dans les passions, un sentiment dominant agit à la fois *sur un certain nombre d'organes* qui sans cesse réagissent sur lui; dans l'harmonie un grand nombre de sentimens se réunit dans un accord unique; et dans l'intelligence un grand nombre d'idées liées par leurs *rapports* se trouve renfermé dans une même abstraction.

§ 3. Il n'y a rien de plus propre a augmenter une passion que les contrastes. Plus vous tourmentez la personne que vous voulez guérir de l'amour, plus vous lui rendez cher, par le contraste que vous lui faites éprouver, le sentiment que vous croyez déraciner dans son âme. Le grand secret dans l'art de guérir les passions, seroit de distraire fortement, tout en évitant les émotions *nées des contrastes de situation*, qui toujours embellissent l'objet aimé. Il en est de même de la douleur. La musique la plus délicieuse qui parvient à distraire un instant de la peine qu'on endure, ne fait ensuite que replonger le poignard avec encore plus de violence. Qui, dans les grandes douleurs de l'âme, n'a pas éprouvé le supplice du réveil, après un sommeil, qui avoit néanmoins suspendu les souffrances? Il faudroit dans les grandes douleurs tenir l'objet de la passion toujours présent à l'âme, mais, *par un mélange d'idées accessoires*, le placer peu à peu dans un certain *lointain*, assez rapproché pour éviter les contrastes que trop de distraction ne manqueroit pas de produire. Le même régime serviroit peut-être à la guérison de l'amour. Quand les passions sont dans leur déclin, tout guérit alors, pourvu que rien ne ramène dans l'âme ces émotions subites nées des contrastes (1).

Le grand art des femmes artificieuses, pour séduire et subjuguer, est de se varier sans cesse par des contrastes, de relever les refus par des faveurs, et les faveurs par des refus, d'éveiller la jalousie, et de jeter sur le magique tableau de la passion ce clair obscur qui en relève si vivement les couleurs. Ces observations servent à prouver que l'âme de l'homme le plus passionné est sans cesse occupée à *comparer*, et que par conséquent les passions sont volontaires, puisque la volonté est toujours l'effet d'une préférence née de la comparaison (2).

---

(1) En amour les plaisirs du raccommodement tirent leur source du contraste produit par le retour subit du sentiment de l'amour avec la douleur passée.

(2) Les comparaisons faites par l'intelligence sont, on ne sauroit assez le dire, d'une nature bien différente des comparaisons faites par l'imagination. L'imagination *aime* tel *sentiment* mieux que tel autre plutôt qu'elle ne *préfère* un *objet* à un autre *objet*. Pour comparer elle attire ou repousse plutôt qu'elle ne réunit pour *séparer* et *juger*. L'intelligence au contraire compare les *choses*, les *objets*, et non les sentimens, et prononce d'après cette comparaison des objets. Chez l'être intelligent le sentiment *ne précède jamais la comparaison* ; tandis que dans les opérations de l'imagination le sentiment *précède toujours* la comparaison et produit la préférence. De là les *préjugés* où l'on *sent avant de juger*. L'homme qui agit *par raison* juge la *close*,

CHAPITRE VII.

Des inconvéniens des grandes passions.

§ 1. *Les passions changent l'état des organes, et sont changées par ces organes.* § 2. *Les associations d'idées subsistent après que le sentiment qui en étoit l'âme, a cessé.*

§ 1. J'ai dit que la jouissance étoit le complément du désir. Remarquez que le désir et la jouissance sont des sensations différentes d'elles-mêmes dans chaque instant donné. Le désir naissant n'est pas le désir dans sa vigueur, et l'aurore de la jouissance n'est pas l'éclat brûlant de la jouissance complète, ni la pâleur de son déclin.

Désir et *jouissance* sont des sensations du sixième sens, ce sont des modifications d'organes liés ensemble par des rapports émanés de la sensibilité. Ces mêmes organes subsistent après la jouissance, mais dans un état qui demande

---

même *contre* son sentiment; s'il a pris le bon parti, un sentiment de satisfaction et de plaisir *suivra* le jugement qu'il vient de faire. L'imagination, au contraire, commence par sentir, et lors même qu'elle *compare*, elle ne fait encore que *sentir*.

du repos. Tout ce qui les excite alors les *fatigue* et les tourmente ; et boire au delà de sa soif peut devenir un supplice égal à la soif même. L'on parle sans cesse du peu de durée des passions, et l'on n'a pas tort. Leur *stabilité* est tellement nulle, que la passion ne sauroit rester deux instans dans le même état ; c'est-à-dire conserver la même intensité et rester précisément sous les mêmes rapports. *Mobilitate viget.*

Il y a *un pays au delà* des passions, qui se trouve occuper un espace non moins grand que les passions mêmes. Il est important de ne pas s'y égarer. Les passions mêmes savent bien aller sans guide, mais ce qui est au delà suppose un état qui n'en a que trop besoin.

§ 2. J'ai dit que les passions formoient elles-mêmes leurs associations d'idées, c'est-à-dire leurs opinions et leur croyance, et que peu à peu la vie entière se trouvoit rangée sous leurs lois. *L'ordre*, dans lequel les idées de l'imagination sont associées, est un résultat de la sensibilité. Cet ordre des idées suppose les passions, et les passions supposent précisément cet ordre. Mais *l'état* des organes du *désir* et de la *jouissance* une fois *changé*, les idées associées, qui composent les opinions et les préjugés, se trouvent peu à peu *dépouillées de tous les sentimens* qui avoient formé leur association. De là ce trouble et cette *inquiétude* que l'on reproche avec raison à l'homme livré à ses passions ; de là ces malaises, ces besoins de se retourner et de sortir de ces pensées, devenues douloureuses pour l'âme qui n'y retrouve que ce qu'elle n'aime plus. Le malheur est que l'on se voit condamné à vivre avec les *résultats* des passions, longtemps après que le *sentiment* qui a produit ces résultats ne subsiste plus.

La vie entière se compose de passions plus ou moins prononcées. La sensibilité motrice commence partout son ouvrage, qui, souvent interrompu, se prolonge ou finit par les obstacles, et tient dans une inquiétude perpétuelle l'âme qui s'est livrée à elle. Partout quelques idées, placées par le sentiment du jour, se trouvent déplacées par celui du lendemain. Tous les moralistes ont parlé des inconvéniens attachés aux passions, mais faute de principes psychologiques, leurs observations sans attache sont restées flottantes dans le vague.

CHAPITRE VIII.

Rapport des passions avec les idées.

§ 1. *Les rapports des idées avec les passions dans leur montant, sont différens des rapports de ces idées avec la passion déclinante.* § 2. *Les plaisirs des sens sont en raison du nombre des idées éveillées par ces plaisirs.* § 3. *Chaque désir et chaque jouissance a ses idées de préférence.* § 4. *Les plaisirs des sens n'ont aucun souvenir.* § 5. *Comparaison entre la vieillesse naturelle et la vieillesse précoce.*

§ 1. LES passions ont presque toujours deux époques, l'une heureuse, pleine d'espérance d'avenir et de félicité, et l'autre pleine d'ennui ou de regrets, de malaise et quelquefois de douleurs. Si ces époques pouvoient se séparer, on vivroit dans l'une et l'on quitteroit dans l'autre. Mais malheureusement l'avenir se trouve tellement compris dans le présent, qu'en ne croyant prendre que le présent, on accepte encore avec lui tout l'avenir qu'il renferme. Il faut donc, pour séparer le plaisir de la peine, une espèce de chimie qui n'est pas aisée à trouver. Je laisse ici toute la morale de côté pour ne m'occuper que de ce qui est du ressort de la psychologie. J'observe qu'il y a plusieurs rapports dans les passions qu'il importe de distinguer.

Il y a dans les passions sensuelles tel état de lassitude des *organes* qui, au lieu d'inspirer le désir, l'espoir et le doux charme des passions naissantes, amène le dégoût, l'ennui et cette impuissance de sentir et de penser, qui de toutes les humiliations est la plus avilissante. On sent donc que les jouissances excessives sont un mauvais calcul, puisqu'elles entraînent à la fois l'affoiblissement des facultés morales et physiques, et l'avilissement de l'homme tout entier.

Jouir du présent est une bonne maxime, pourvu qu'un long avenir, ne soit pas immolé à cette jouissance. En effet quel seroit le joueur assez imbécille, pour vouloir gagner des pièces de cuivre, en prenant l'obligation de les rendre en pieces d'or ?

§ 2. Un autre rapport renfermé dans les passions, plus difficile à développer, est celui du *désir avec les idées*. J'observe que les idées sont colorées par le désir, c'est-à-dire, qu'il y a tel rapport du désir avec les idées d'où résulte le plaisir, et tels autres d'où résulte la peine. Qui n'a pas éprouvé, du moins une fois dans sa vie, cet état de félicité parfaite, où tout l'horison de la vie est illuminé à la fois par les doux rayons d'un amour à son aurore ? Cet état, non d'ivresse mais de félicité parfaite, résulte d'un grand nombre d'idées émues par la passion. C'est dans les *idées* caressées, pour ainsi dire, par le sentiment, dont l'âme est doucement émue que se trouve la jouissance la plus pure, et c'est toujours en raison du nombre des idées accessoires, mises en rapport avec le désir, que la jouissance est grande.

Les idées *doucement* flattées par l'espérance et le plaisir, ne *dénaturent pas leurs autres rapports*. L'espoir embellit la jouissance même, et comme il laisse quelque chose de vague à la pensée, les idées viennent mille fois répéter cette jouissance dans le miroir de l'imagination.

Il semble que ce soit dans l'idéalité du plaisir que réside son harmonie avec l'avenir. Les jouissances qui nous laissent toutes nos facultés, sont toujours les plus douces, et les seules qui aient des souvenirs, tandis que les jouissances excessives ne sèment que des regrets, de l'ennui, ou des remords dans la terre toujours si féconde de l'avenir.

C'est donc dans la juste quantité d'idées versées dans la coupe du plaisir sensuel, que résulte la bonté du breuvage. Mais il n'arrive que trop souvent avec les plaisirs des sens, ce qui arrive avec toute liqueur enivrante, que l'on commence par ce qui convient à la nature, pour finir par ce qui la détruit.

Je ne sais par quel instinct tous les besoins physiques ont une espèce de pudeur. Il est de mauvais goût chez tous les hommes très-civilisés de s'appesantir dans la conversation sur le désir de boire, de manger, de dormir, etc. C'est une espèce d'aveu qu'il n'y a que les jouissances spiritualisées qui aient des souvenirs agréables.

§ 3. Voyez comme ce repas champêtre se trouve assaisonné, je dirois presque ennobli par l'agrément du local, par la gaieté, l'esprit, et la frugalité des convives. Un tel repas est aussi bon en souvenir qu'en réalité, et les idées qu'il inspire conservent leur fraîcheur le lendemain. Pourquoi? parce que les sensations y sont mêlées d'idées. Horace a dit : *dulce est desipere in loco*. Etes-vous sensuels comme lui? que vos idées soient analogues au plaisir, et le plaisir aura des souvenirs ; mais plus ces idées sont liées au plaisir, plus il faut les multiplier. C'est ce qui explique la grande vérité, que les sots sont incapables de grandes jouissances, exclusivement reservées à l'homme exercé à penser et à sentir.

Rien de plus triste selon moi que cette fausse philosophie, qui excite au plaisir par l'image d'une mort prochaine : c'est une doctrine plus digne des cachots, que d'une vie libre et pleine d'avenir. En effet nos pensées ne sont-elles pas toutes pour l'avenir et dans l'avenir, et n'est-ce pas pour l'avenir que le passé nous intéresse ? Otez l'avenir à l'homme et toutes ses idées, devenues étrangères à lui-même, seront en dehors de sa vie. Ce n'est qu'en agrandissant la pensée dans le temps et l'espace que l'on a une morale : pour l'homme qui vit sans avenir les actions sont sans conséquence. Qu'y auroit-t-il de bon à attendre de ces esprits assez bas pour ne savoir pas s'élever jusqu'à un égoïsme bien entendu ?

§ 6. Je dirai un mot du pénible métier de ces hommes, qui ne vivent que pour ce qu'ils appellent le *plaisir*. Le plaisir échappe comme le sommeil à qui y pense toujours. L'homme oisif le placera dans les sens, car s'il le plaçoit dans la pensée, je ne l'appellerois plus oisif.

Les plaisirs des sens sont précisément ceux,

où l'on arrive le plus vîte à la satiété, au dégoût et à cette terre de malaise, d'avilissement et de douleur, qui se trouve partout au delà des bornes de la tempérance. L'homme qui se fait une affaire sérieuse de ses plaisirs, se verra dans l'alternative ou de rétrécir le cercle de ses idées jusqu'à l'avilissement de son être; ou, s'il prétend conserver des principes, de les voir un jour en discordance avec ses goûts et les habitudes de sa vie.

Ces hommes sensuels, s'ils viennent à raisonner, se composent quelquefois de tristes et stériles systèmes, prétendus philosophiques, sur la stérilité de la vie, sur les maux de la vieillesse et les douleurs de l'existence, qui ne prouvent que l'aridité de leur âme, la stérilité de leur pensée, et n'attestent que la honteuse impuissance d'un être avili.

J'ai vu de ces hommes se faire un système de leur état de libertins: ils croyoient jouir dans un âge, et vivre de souvenirs dans un autre. Ils se trompoient; les plaisirs des sens n'ont pas de souvenirs. Le plaisir tient essentiellement au désir, qui, une fois passé, prend des formes sévères, plus propres à effrayer qu'à séduire. Les philosophes, qui ont parlé des souvenirs du jeune âge, étoient des hommes tempérans, modérés dans leurs passions, et tels dans leurs jouissances que le prouve leur doctrine, où ils n'auroient pu faire entrer les souvenirs, si leurs plaisirs n'avoient été dignes de quelque mémoire. Epicure étoit le plus tempérant des hommes; il a connu l'amitié et a été vivement regretté de ses amis nombreux.

§ 5. Nos idées tiennent à nos sentimens, et nos sentimens à l'état des organes. Il y a donc les rapports les plus intimes entre les idées et les organes. Les idées heureuses et agréables sont toutes en deçà des bornes de la tempérance, et tous les rapports fâcheux se trouvent au delà de ces bornes.

Les hommes livrés aux plaisirs des sens, loin de transporter la jeunesse dans l'âge des souvenirs, ne retrouvent dans cet âge prétendu des souvenirs qu'une réalité fâcheuse, née de l'affaissement des organes.

Il y a cette grande différence entre la vieillesse précoce et la vieillesse naturelle, que la vieillesse précoce a le sentiment continuel de son affaissement, augmenté par le contraste de ses souvenirs et de toutes ses maximes ; tandis que la vieillesse naturelle conserve sans cesse l'harmonie des idées avec la sensibilité. Cette vieillesse ne regrette rien, parce que tous ses goûts

goûts ayant changé avec l'âge, des plaisirs nouveaux sont venus couvrir ceux d'un âge qui n'est plus. L'harmonie des idées avec les sentimens, l'accord des goûts avec les principes, celui des jouissances avec les désirs, voilà ce qui peut durer toujours. La vieillesse de l'homme vertueux ressemble au crépuscule des pays septentrionaux, où la dégradation imperceptible du jour est accompagnée d'une harmonie dans les teintes du ciel, qui dure jusqu'au moment où un jour nouveau commence à poindre non loin de là sur l'horizon. Le vieillard précoce, n'a de souvenir que pour son tourment, tandis que le vieillard de la nature se rajeunit par l'espérance ; l'un regrette, l'autre espère, le premier vit pour les souffrances, le second pour l'avenir ; l'un est le flambeau qui fume au lieu de brûler, l'autre le soleil qui ne se couche que pour ceux qu'il laisse en arrière.

CHAPITRE IX.

De la liberté de l'homme. Si l'homme demeure libre dans les passions.

§ 1. *La volonté agit par les idées.* § 2. *Doutes sur le système de Bonnet.* § 3. *En quoi consiste la liberté de l'homme.* § 4. *La raison est le principe de la liberté.* § 5. *La liberté n'est pas une force.* § 6. *La liberté précède la volonté.* § 7. *Comment l'indépendance de la volonté peut se perdre.* § 8. *La raison est une force réelle.* § 9. *Le mouvement de la sensibilité peut être arrêté par un sentiment opposé.* § 10. *L'intelligence agrandit la liberté.* § 11. *La raison calme parce que ses mouvemens sont différens de ceux de l'imagination.* § 12. *Réflexion mitoyenne entre l'imagination et l'intelligence.* § 13. *Ce que les anciens entendoient par gravité.* § 14. *La volonté est une force.*

§ 1. IL importe de prouver que l'homme fait lui-même sa destinée, que les passions, qui le subjuguent, il ne les a que parce que telle a été sa volonté, et qu'en obéissant à elles il ne fait qu'obéir au maître qu'il s'est donné lui-même.

Il faut voir jusqu'à quel point il peut-être subjugué par la sensibilité, et pour cela reprendre sous œuvre la grande question de la liberté de l'homme.

Il n'y a pas de passion sans *objet*, c'est à dire sans idée dirigeante. C'est à ces *idées* que la volonté s'attache, et c'est par elles que les passions sont *volontaires*.

La volonté suppose 1.° des idées; 2.° des comparaisons; 3.° un résultat de ces comparaisons appelé *un choix*; 4.° une détermination née de ce choix. Il résulte de l'analise de l'imagination et de l'intelligence, que ces deux facultés ont des mouvemens opposés, qui, en se troublant réciproquement, peuvent néanmoins produire cette harmonie dont résulte le bonheur de l'homme.

§ 2. Si la liberté étoit, comme dit Bonnet, subordonnée à la volonté, il n'y auroit pas de liberté, car le mot de *subordonné* ne peut signifier ici qu'un *effet* dont la volonté seroit la *cause*.

L'exécution de la volonté se fait par l'automate, qui à tel mouvement de l'organe d'une idée produit tel mouvement musculaire. *Je veux* lever le bras, et *je le lève*.

L'âme peut ne *pas agir* d'après les préférences de sa sensibilité, parce que l'âme est douée d'une force *opposée* au mouvement de la sensibilité, qui est celle de la *raison* émanée de l'intelligence; *et c'est à agir ou n'agir pas d'après les préférences de la sensibilité, que consiste la liberté de l'homme.* L'on voit donc que c'est dans la *raison* que réside le véritable empire de l'être pensant, puisque la raison seule lui donne le pouvoir de n'être pas entraîné par les mouvemens de la sensibilité.

L'âme douée de deux forces opposées peut ne point se déterminer pour le choix du sentiment moteur, parce qu'elle peut agir encore par une force capable de surmonter le mouvement de la sensibilité, et c'est *la faculté d'arrêter le sentiment par la raison, ou bien d'agir par raison selon le sentiment, qui constitue la liberté de l'homme.*

§ 3. Qu'est-ce qui porte l'âme à se décider pour le choix de sa raison plutôt que pour celui de sa sensibilité? C'est le *pouvoir* qu'elle a de s'opposer au mouvement de la sensibilité par un mouvement contraire. D'où viennent ces forces opposées ? Je n'en sais rien. Ce que je vois clairement, c'est que la raison se cultive et se perfectionne, que sa force croît avec la culture qu'on lui donne, et avec les rapports qu'on développe dans les idées. Fortifiée par l'habitude, la volonté constante de la raison forme la *vertu ;* et c'est de là vertu que résulte la plus grande liberté de l'homme, puisque de la faculté de résister aux impulsions de la sensibilité résulte la faculté de se décider d'après un *choix plus varié et plus étendu*, par conséquent plus sûr, plus grand et plus digne de l'avenir, que ne peut l'être le choix toujours borné de la sensibilité pure.

Les images sous lesquelles on se plaît à représenter la liberté, cette balance qu'on lui prête, ces combats de l'âme, ce choix entre deux partis, sont autant d'expressions qui désignent les mouvemens opposés de l'imagination et de l'intelligence, de la sensibilité et de la raison, dans la combinaison variée desquels consiste le plus ou moins de liberté de l'être intelligent et sensible.

§ 4. La liberté est, comme on voit une faculté (1), et non une force réelle et positive,

---

(1) C'est une question, a dit Leibnits, qui a exercé les écoles
» depuis long-temps, savoir s'il y a une distinction réelle entre
» l'âme et ses facultés, et si une *faculté* est réellement distincte
» de autre. Les facultés ne sauroient passer pour des *agens*
» réels, qu'en parlant abusivement. Ce ne sont pas les *facultés*

comme l'est celle de la sensibilité et de la raison.

Pourquoi supposer une force pour en décider une autre ? C'est la liberté qui décide dites-vous, du parti que je prends, mais qu'est-ce qui détermine cette seconde force que vous appelez liberté ? On sent l'absurdité d'une pareille question. Une force étant ce qui produit tel effet, il ne faut pas lui demander *ultérieurement raison de cet effet*, puisque la force n'est force que parce qu'elle contient précisément la cause et la raison de cet effet.

La liberté *ne suit pas* la volonté, ainsi que le disent s'Gravesande et Bonnet, mais elle précède la volonté (1). La volonté une fois

---

» ou *qualités* qui agissent, mais les substances *par* les facultés ». Le mot de faculté exprime notre manière de voir les choses contingentes. L'horloger n'attribue aucune faculté à la montre qu'il vient de faire, parce qu'il connoît la nature intime de son mécanisme. Le géomètre n'attribuera aucune faculté au triangle, mais nous peuplons l'âme de facultés parce que nous ignorons la liaison intime des nombreux phénomènes qu'elle nous présente.

(1) s'Gravesande * définit la liberté, la *faculté de faire ou de ne pas faire ce qu'on veut*, et Bonnet la définit, la *faculté par laquelle l'âme exécute sa volonté*. (§ 140 de son Essai analitique) et dans le § 150 il ajoute : « La volonté détermine la liberté à s'exercer sur tel ou tel organe. La liberté, dit-il, » est subordonnée à la volonté, celle-ci à la faculté de sentir ; » la faculté de sentir l'est à l'action des organes, et l'action des » organes à celle des objets ». On en pourroit donc conclure que la liberté est subordonnée aux *objets*. J'avoue que je ne puis pas

---

* Dans son Introduction à la philosophie, chap. X.

déterminée, la liberté n'a plus rien à faire :

être d'un avis qui subordonne nos actions à la seule faculté de sentir. *L'exécution* de la volonté par le mouvement des muscles, je ne l'attribue qu'à l'automate mu par l'organe de *l'idée déterminante*, et non pas à la liberté. Voyez ce que j'en ai dit dans le chapitre de l'imitation.

Leibnitz dans son admirable Essai sur l'entendement humain, page 140, pose bien mieux l'état de la grande question de la liberté de l'homme. « Quand on raisonne, dit-il, sur la liberté
» de la volonté ou sur le franc arbitre, *on ne demande pas
» si l'homme peut faire ce qu'il veut*, mais s'il a assez d'in-
» dépendance dans sa volonté même. *On ne demande pas s'il
» a les jambes libres ou les coudées franches, mais s'il a
» l'esprit libre, et en quoi il consiste?* » Ce grand homme fait voir dans le chapitre de la liberté, comment l'âme est déterminée. Ses recherches sont pleines de sagacité, de finesse et d'observations originales. Il a senti toute l'étendue de l'action sourde du désir. « Il est aisé, dit-il, page 151, il est aisé de
» juger que la *volition ne peut subsister sans désir*. L'inquié-
» tude n'est pas seulement dans les passions incommodes, comme
» dans la haine, la crainte, la colère, l'envie, la honte ; elle
» est encore dans les passions opposées, comme dans l'amour,
» l'espérance, l'ambition, etc ». On peut dire que partout où il y a désir, il y a inquiétude. Je l'ai dit plus haut, il n'y a pas de passion sans désir, et *quand nous sommes déterminés par la sensibilité*, nous le sommes par le désir. Il dit ailleurs, page 141: « *Nous ne voulons point vouloir, mais nous voulons
» faire. Si nous voulions vouloir, nous voudrions vouloir vouloir, et cela à l'infini.* Leibnitz dans ce même chapitre de la liberté, pag. 148, développe avec finesse les rapports du désir avec la douleur, que Kant me paroît avoir dénaturés en disant dans son anthropologie, *que le plaisir ne peut naître s'il n'est pas précédé par la douleur*. La philosophie de Kant peut être admirable dans ses abstractions, mais lorsqu'elle daigne descendre à la réalité, je n'en vois pas de moins réelle. Le comte Verri dans son ouvrage sur le plaisir, (*idea sul piacere*) n'a pas mieux vu que Kant.

car, après un parti pris il n'y a plus de parti à prendre, et ce n'est qu'aux partis à prendre que s'adresse la liberté.

C'est parce que dans l'usage de la vie le mot de *liberté* a plusieurs acceptions, que l'on est convenu d'appeler quelquefois *liberté* la puissance de faire une chose, comme lorsqu'on dit : j'ai la liberté de sortir de ma chambre lorsque la porte n'en est pas fermée.

La liberté de l'homme *précède* la volonté ; elle consiste dans le pouvoir de décider la volonté pour le parti de la sensibilité ou pour celui de la raison. L'on voit que la liberté s'agrandit avec le développement de nos facultés, puisque plus l'imagination et l'intelligence ont d'intensité et d'étendue, plus on a de choix et de force dans la puissance de vouloir.

Dans le développement de nos facultés l'intelligence fait trois choses pour la liberté.

1.º En développant les rapports contenus dans les idées, et en généralisant les idées, elle *multiplie le choix* des partis à prendre.

2.º En répandant l'évidence et la lumière elle rend les idées du bien et du mal plus *distinctes*.

3.º En augmentant de plus en plus la *force*

et le *pouvoir de la raison*, elle augmente *l'indépendance* de notre choix, et par conséquent la probabilité de rencontrer le meilleur parti à prendre.

Mais les *matériaux* du travail de l'intelligence lui sont fournis par l'imagination.

Le développement de l'imagination produit deux avantages : premièrement, en multipliant et en renforçant les sentimens, elle multiplie et augmente les biens et les maux, et par conséquent le nombre des chances. Secondement en travaillant les sentimens par les idées, et les idées par les sentimens, elle prépare et multiplie encore les matériaux de l'intelligence.

Mais sitôt que l'imagination prévaut sur la raison il en arrive que la sensibilité, toujours exclusive, rétrécit son choix, et que par conséquent la probabilité de prendre un mauvais parti va croissant. D'autre part, si la raison demeure dénuée d'imagination, la chance du bien, devenue pauvre rendra le choix des partis à prendre toujours étroit. Il y a plus : la raison s'endort lorsqu'elle n'a jamais d'effort à surmonter, et les âmes sèches tombent par stérilité dans autant de fautes que les âmes trop ardentes, sans avoir ensuite, comme ces dernières, la force de se relever. C'est dans la juste proportion du développement des deux facultés, que consiste la perfection de l'homme.

§ 6. Sans doute que dans tel moment donné la liberté est asservie par la vivacité et la force momentanée de l'imagination ; mais comme il dépend de nous *de préparer d'avance ces facultés par la réflexion, et par l'habitude de dominer la sensibilité*, la liberté considérée abstraitement n'a de bornes que celles de nos facultés, qui à nos yeux sont infinies, puisque nous ne leur connoissons aucunes limites déterminées.

Quand je dis que les passions sont volontaires, j'entends par là qu'elles peuvent toutes être *prévenues* et quelquefois domptées par la volonté. Il est vrai que dans tel moment, pris isolément, je serai vaincu par la passion, comme au jeu des échecs dans telle position de pièces je serai nécessairement mat. Mais l'homme vertueux, comme le bon joueur, est celui qui ne réduit jamais son jeu dans un état sans ressource, dans lequel on est nécessairement vaincu.

§ 7. Rien ne prouve mieux que l'intelligence est une force réelle de l'âme, que de la voir agir *contre* le mouvement de la sensibilité motrice. L'intelligence agit par la réflexion, qui n'est autre chose que *l'attention*, portée du sentiment moteur sur quelqu'*idée* ou sur *l'objet* même qui nous émeut. Ce mouvement a deux résultats: d'un côté il arrête l'impulsion de la sensibilité, et de l'autre il donne une plus grande intensité *à l'idée*. De cette intensité résulte le développement de ses rapports ; et comme le plus souvent les idées qui guident la raison sont des idées *générales*, il arrive que *le choix de la raison a une très-grande étendue.*

Cultiver les facultés de son être , c'est donc agrandir sa liberté, et l'âme, en se domptant elle-même, dompte les événemens, et commande aux hommes vulgaires.

Qui sibi fidit, dux regit examen.

C'est à la raison que nous devons de placer nos actions à la hauteur de l'intelligence ; elle seule donne la liberté suprême , puisqu'elle présente toujours le choix le plus étendu.

§ 8. Ce qui peut répandre quelque lumière sur l'action de l'intelligence toujours opposée à celle de la sensibilité, c'est de voir la manière opposée de ces deux facultés dans leur action de comparer. Nous l'avons vu plus haut : la sensibilité compare en unissant, et l'intelligence en séparant ce qu'elle compare. L'on conçoit donc qu'en passant d'un mouvement à l'autre, l'âme semble aussi changer de direction dans ses mouvemens.

§ 9. L'imagination, comme je l'ai déjà indiqué, a une manière de réfléchir, qui de toutes est la plus commune. Cette espèce de réflexion tient pour ainsi dire le milieu entre les mouvemens de l'intelligence et ceux de la sensibilité; elle sert le plus souvent de guide aux hommes vulgaires, et on l'emploie même quelquefois à combattre la passion du moment. Elle consiste à opposer des souvenirs, des réminiscences et des goûts non éteints, quelquefois même des passions vivantes au sentiment que l'on cherche à combattre. Elle diffère de la réflexion et de l'intelligence, en ce qu'il est de la nature de l'intelligence de généraliser et d'abstraire; tandis que l'imagination qui réfléchit ne fait qu'opposer des goûts passés à des goûts nouveaux, ou jetter quelques idées un peu généralisées sur la route de la sensibilité. C'est là la manière de réfléchir de tous les hommes incapables de s'élever à l'abstraction pure, et à ces principes sévères, dégagés de toute individualité, principes qui, employés à propos élèvent l'homme au dessus des événemens, et au dessus de lui-même, c'est-à-dire de ses passions.

§. 10. Ce que les anciens appelloient *gravité* étoit une conduite constamment assujettie à ces principes sublimes, le plus souvent puisés dans les écoles des Stoïciens. Cette gravité, bien éloignée du sérieux empesé de quelques sots de nos temps, étoit le plus souvent réunie avec les mœurs les plus douces. Nous n'avons plus de cette gravité antique, parce que nous avons des principes raisonnés, prêts à toutes choses hormis pour les mœurs et la conduite, et la véritable acception du mot *gravité* s'est perdue avec la chose même.

§ 11. La volonté est une force qui se combine avec les idées, mais qui en est absolument séparée. La force qui associe ou développe les idées, celle qui les rappelle et les combine, est différente de la force qui *détermine* les organes *à agir*, et que j'appelle la force de la volonté. La preuve en est que tous les phénomènes de la mémoire, de l'imagination et de l'intelligence, peuvent avoir lieu sans aucune *action* que précisément celle qui produit ces phénomènes. Je ne puis par aucun moyen savoir si inversement *l'action* de la volonté peut avoir lieu sans idée. Si les mouvemens supposés involontaires des organes s'exécutoient par une volonté sans idée, nous ne pourrions jamais en être instruits. De pareilles hypothèses ne servent qu'à obscurcir le peu que nous savons.

CHAPITRE X.

Des passions considérées dans les rapports avec leurs objets.

§ 1. *Les passions dans leurs rapports avec leurs objets.* § 2. *L'abandon total du cœur nuit à la durée du sentiment.* § 3. *Les objets de nos passions ont deux côtés différens.* § 4. *Grande mobilité de rapports dans les passions.*

§ 1. Les passions, considérées dans nous-mêmes, présentent des phases variées ; considérées dans leurs objets, elles ont leurs époques, qu'il est important de ne pas confondre.

Toute passion comme tout désir s'éteint avec la jouissance complète : mais comme, dans ce que nous appelons *passion*, cette jouissance est rarement *complète*, les passions ont toujours plus de durée et de ténacité que nous ne sommes disposés à le croire. Considérées dans leurs rapports avec leurs objets, elles présentent des phénomènes d'une nature bien différente.

Les passions à succès, celles qui parviennent je ne dirai pas à la jouissance complète, mais à la *possession complète* de ce qu'elles désirent, ont deux époques absolument différentes; celle qui précède la possession, et celle qui suit la possession. Dans chacune de ces époques le sentiment, et par conséquent les objets, se présentent sous des formes différentes. A la différence des insectes, nés rampans qui meurent avec des ailes brillantes, les passions, ont, en naissant, tout l'éclat de la beauté, et finissent dépouillées de leurs charmes et de toute leur vivacité.

L'avare, qui accumule, n'est pas l'avare assis sur les trésors que couve son cœur. Dans l'époque de ses succès c'étoit un chasseur actif et infatigable, animé à-la-fois par les succès et par l'espoir. L'or ou le papier ont-ils rempli ses coffres ou ses portefeuilles, et dépassé ses espérances, au lieu d'une guerre de conquête, il en fait une de défense. Ce n'est plus l'espérance d'acquérir qui le guide, mais c'est la crainte de perdre qui le tourmente, et dès lors tous les rapports sont changés. Ses sentimens et ses idées se dénaturent, son bonheur se corrompt, ou s'il existe encore, du moins a-t-il changé de nature.

L'amour en perspective, n'est pas l'amour qui possède. La distance seule des objets les change à chaque pas qu'on fait au moral comme au physique, mais plus encore au moral, où c'est toujours nous qui changeons. L'œil de la passion qui voit de près, n'est plus l'œil qui a vu de loin (1).

§ 2. Dans le commerce intime tout se trahit, et sans l'illusion du sentiment on n'aimeroit jamais que le mérite parfait. Mais avant qu'on ait épuisé un caractère, il se passe bien du temps; chaque nouvelle nuance, qui se découvre dans la personne qu'on aime, fait naître une attente nouvelle. D'un autre côté en se donnant soi-même on se découvre soi-même, on met à découvert tel rapport, telle facette nouvelle de son esprit, de son caractère, de sa sensibilité. Chaque bouton qui vient

---

(1) L'art de se tenir à distance est un art qui à lui tout seul peut composer le mérite de toute une personne. Votre mérite est-il en dehors de vous? Est-ce votre rang ou votre opulence qui le compose? Sachez vous tenir à distance, et pour ne pas vous trahir ne sortez jamais de votre plumage étranger. Manquez-vous d'esprit? Retranchez-vous dans des phrases toutes faites, surtout dans le sérieux ou dans l'air important; mettez en avant les idées et les opinions des autres, soyez frondeur, et sur toutes choses gardez-vous de tous les mouvemens d'idées, et de cet abandon, qui n'appartient jamais qu'au véritable esprit.

d'éclore,

d'éclore a son histoire, jusqu'à ce que tout soit développé, achevé et complet de part et d'autre. Alors l'arbre se défeuille; on cesse d'aimer par ses propres défauts qui, mis en dehors font souffrir, ou bien par les défauts, de la personne qu'on aime. Telle est l'histoire des attachemens vulgaires.

L'on voit combien le bonheur prolongé d'un attachement est difficile et rare, et combien il faut de mérite, d'esprit ou de sensibilité pour le conserver dans soi-même ou dans la personne que l'on aime; et combien surtout l'art de se tenir partiellement ou en entier à distance (1), est nécessaire à sa durée.

---

(1) Ces idées, comme presque toutes celles que j'ai présentées dans cet ouvrage, exigeroient des développemens, que la trop grande richesse du sujet ne peut me permettre. Le principe *de se tenir à distance*, suppose la connoissance de l'harmonie entre le sentiment qu'on laisse apercevoir, et celui qui domine la personne qu'on aime. L'abandon complet en amitié, en amour, en un mot dans tous les sentimens qu'on éprouve, peut toujours être contraire à la durée de ce sentiment. Que diroit-on du musicien qui se croiroit permis de toucher indifféremment toutes les notes qui se présentent sous ses doigts ?

Il y a des règles à observer en amitié, en amour, en estime, en un mot dans tous les sentimens qu'on met en dehors ; ces règles mêmes prouvent que ces sentimens tiennent à l'harmonie, car il n'y a que les choses susceptibles de développemens et d'avenir qui sont susceptibles de règles.

L'ambition aussi a ses époques. Si l'on pouvoit concevoir la conquête de la puissance universelle, il faudroit, dans l'époque de sa possession complète, supposer d'autres vertus que dans l'époque de sa conquête. Il faudroit supposer dans la première la rapidité et la vive et subite lumière de l'éclair; il faudroit dans la seconde l'éclat calme et la chaleur vivifiante d'un soleil réparateur des orages. Dans la première époque il semble que l'esprit suffise; mais dans la seconde il faut de plus les lumières du cœur ; car c'est le cœur qui est le complément de l'esprit, et la révélation des vérités échappées à la conception du génie.

§ 3. Il y a toujours sur la scène de la vie un côté brillant des coulisses, coloré et embelli par l'espérance et par l'illusion de la distance, qui n'appartient qu'à la première époque des passions ; et puis un revers, où tout se trahit, où tout se découvre, le mal comme le bien, qui fait décoration dans la seconde époque. Ainsi la vie se passe à se détromper de tout, et à vivre enfin avec les revers des coulisses. Et tel est en effet le sort des âmes vulgaires, dénuées de vertus, de sciences et toutes vides d'avenir. Il n'en est pas de même de l'homme qui sait vivre avec son cœur, de l'homme qui ne cherche chaque jour qu'à se surpasser soi-même en connoissances et en vertus, de l'homme pour qui la mort, loin d'être la fin et l'enterrement de la pensée, n'est que la révélation de l'univers et la naissance complète de la vie.

§ 4. L'on conçoit maintenant les nombreux rapports qui se dévoilent dans les passions. Au-dedans de nous, chaque nuance du désir change les opinions avec les idées, et altère en quelque chose les rapports si délicats dont se compose l'harmonie du bonheur. Au dehors les objets de nos désirs se transforment et se métamorphosent à chaque pas que nous faisons : au dedans, au dehors de notre être tout change, tout passe, tout arrive, tout se succède et se pousse en avant dans le torrent de la vie. Parmi tant de confusion apparente, que reste-t-il à l'homme si ce n'est ce *moi* si grand ou si petit, si foible ou si puissant, selon la volonté ou la raison, suprêmes législatrices de notre propre destinée.

CHAPITRE XI.

§ 1. *Quel ordre la nature observe dans les mouvemens passionnés.* § 2. *Les moyens développent sans cesse des buts nouveaux.* § 3. *Comment les passions se développent.* § 4. *Chaque passion forme un tout, chacune a son roman.* § 5. *Origine des sentimens agréables ou désagréables.* § 6. *Rapport du sentiment avec les opinions.* § 7. *Le trouble des passions naît du désaccord des idées avec le sentiment moteur.* § 8. *Chaque opinion tient du caractère du sentiment associateur des idées.* § 9. *Le mouvement de l'imagination tend essentiellement au bonheur.*

§ 1. DANS l'histoire des passions humaines, où tout devient successivement but et moyen, voici l'ordre de nos mouvemens. Le motif marche en avant, il éveille *l'idée du but*, et celui-ci produit *l'idée des moyens* (1). Le motif est un *désir* né d'un certain état des organes appelé *besoin* ; le *but* est le vœu

---

(1) Un prisonnier veut sortir de son cachot ; il prépare une corde pour se sauver. La peur du supplice est le *motif*, l'action de se sauver est le *but*, la corde est le *moyen*.

émané de ce désir, c'est l'état que l'organe affecté par le désir *préfère* et recherche. Le but fait naître l'idée des *moyens*, qui se trouvent ensuite placée entre le motif et le but, entre le désir et la jouissance (1).

L'observateur vulgaire n'aperçoit jamais le *motif* toujours moins apparent que le but et les moyens; le motif tient à un état de l'organe le plus souvent caché à nous-mêmes et couvert, pour ainsi dire, par la *chose* même que le motif désire.

Il suffit qu'une passion primitive ait donné l'initiative au mouvement des organes pour faire aller l'âme *d'émotion* en *émotion*, et pour mettre en jeu toutes les puissances de l'imagination. Le mouvement d'un organe se communique d'organe à organe, et la première impulsion une fois donnée, le mouvement se

---

(1) *Jouissance* dans le sens le plus étendu du mot, est tout ce qui *éteint le besoin moteur du désir*. Cette définition s'adapte aux sentimens douloureux comme aux sentimens agréables; tous ont leur *vœu*, et un désir qui tend toujours à *éteindre* le sentiment excitateur dans le besoin même dont il est émané. Le besoin de ne plus souffrir a son désir, qui tend à la jouissance d'être délivré de la douleur. Tous les mouvemens de sensibilité soit agréables, soit désagréables appelés *besoins*, s'annoncent par une sensation *appelée désir*, et ont une tendance vers un *mouvement ultérieur* appelé *jouissance*, émané du premier mouvement du besoin, et fait pour éteindre ce besoin.

combine tellement avec l'impulsion du dehors appelée circonstances, et s'augmente tellement par les passions secondaires, qu'un seul mouvement de passion primitive peut suffire au mouvement de la vie entière.

§ 2. Partout où il y a un désir nouveau, né d'un organe plus ou moins frappé, il se forme un *but* nouveau, et comme le mouvement de l'organe se communique à d'autres organes, de manière à y produire aussi le désir, il en arrive que tous ces mouvemens accidentels qui surviennent sur la route du but principal, ou plutôt primitif, deviennent but à leur tour. Comme l'activité de l'âme est bornée, l'âme se concentre toute entière dans les désirs secondaires, qui lui arrivent sur la route principale, et souvent elle oublie dans la carrière des moyens le premier but qu'elle s'étoit proposé.

De là l'inquiétude perpétuelle des âmes foibles, qui dans la vie cheminent sans un but assez élevé pour être aperçu de toutes parts, comme un étendard de ralliement, et qui marchant sans principes, errent de passion en passion sur des abîmes toujours ouverts.

§ 3. Le développement des sociétés en multipliant nos idées et nos besoins, multiplie indéfiniment nos points de contact et nos agitations réciproques. Plus les points de contact sont nombreux et rapprochés, plus les passions secondaires se multiplient et se renforcent, et plus aussi les passions primitives s'ennoblissent, c'est-à-dire s'enrichissent d'idées qui les rapprochent de l'intelligence et de la raison. De cette marche de l'esprit humain, qui ne parvient à raisonner que par les passions, il arrive souvent que les plus nobles efforts de l'intelligence se dépensent pour des *buts* que la raison désavoue. Que de sublimes œuvres du génie et des passions n'ont servi qu'à faire le malheur de l'humanité.

Dans l'origine des sociétés on se battoit pour du gibier, ou pour quelque Hélène, c'est-à-dire que les passions primitives y jouoient le premier rôle. Aujourd'hui on se bat pour des systèmes de commerce, de gouvernement ou de géographie, et chez l'espèce humaine comme chez l'individu le bien de l'espèce est perdu dans les moyens; et rien ne ressemble plus à l'histoire de l'individu que l'histoire des nations.

C'est le besoin indispensable *des choses qui ne sont pas nous*, c'est la mobilité et l'industrie des cinq sens destinés au service du dehors, qui engagent le désir excitateur des idées à traverser les régions de l'âme pour aller trouver l'accomplissement du désir dans ce qu'on appelle *jouissance*. C'est dans ce *passage du désir à travers les idées*, que le mouvement électrique de la sensibilité donne l'éveil à toutes les facultés, en sillonnant pour ainsi dire le terrein de la pensée pour y verser partout la vie et la fécondité.

Et comme dans l'univers des objets extérieurs à l'homme, les jouissances sont éloignées, placées à de grandes distances l'une de l'autre, et bien souvent trompeuses, il en arrive que le désir se décompose sur la longue route qu'il a à parcourir : l'imagination ne pouvant embrasser à la fois qu'un certain nombre de sentimens et d'idées, ce qui dans le lointain n'étoit pour elle que *moyen*, devient *but*, lorsqu'on en est plus près: il en résulte les passions *secondaires*, et sur la route de ces passions surviennent les passions de *circonstances*, qui prolongent un premier mouvement sur une grande étendue de la vie. L'amour du plaisir peut sur sa route se changer en ambition, et l'ambition amener l'amour du repos. Tel arrive à Dieu par l'agitation de la vie ; le voluptueux finit quelquefois par devenir avare; l'infatigable Charles V meurt dans le cloître, et Dioclétien renonce à la splendeur du trône pour terminer ses jours dans un jardin.

§ 4. Chaque passion forme un *tout*, et se développe en un petit drame; quelquefois il devient une grande tragédie. Chaque instant de la vie appartient à quelqu'un de ces drames, dont la succession compose la vie toute entière, et dont chacun a ses espérances et ses craintes, ses obstacles et ses efforts, sa défaite ou son triomphe, et enfin son dénouement plus ou moins parfait. Le plus souvent l'âme y est concentrée toute entière; et ce n'est que lorsqu'un *intérêt* se trouve entièrement desséché et flétri, que l'on revient à soi-même. Alors l'homme semblable à l'arbre qui, venant de perdre ses branches, pousse de nouveau rameaux, forme et développe aussi des passions nouvelles, ou des goûts nouveaux.

§ 5. Chaque sentiment moteur cherche dans l'âme même ses *idées* de préférence, et *au dehors* ses objets de préférence. Toute idée qui est dans le sens du sentiment moteur, et toute sensation qui est en affinité avec lui est *agréable*, et tout ce qui répugne à ce sentiment *déplaît*.

Mais chaque sentiment qui arrive dans l'âme, y trouve, outre les idées vagues et errantes, des associations d'idées tout établies appelées *opinion*, *foi*, *principe* ou *préjugés* (1). Ces

---

(1) Toutes les associations d'idées *formées par l'imagination* sont des *préjugés*, et le véritable caractère du préjugé est d'avoir pour lien de l'association des idées qui le composent, non l'intelligence mais la sensibilité. J'ai souvent eu l'occasion d'admirer l'esprit juste et fin qui préside à la formation des langues. Le mot *préjugé* indique des opinions formées *avant* d'avoir *jugé*. De pareilles opinions comment se seroient-elles formées si ce n'est par la sensibilité.

Dans la réalité de la vie l'imagination et l'intelligence sont presque toujours combinées ensemble, ce qui produit l'espèce de crepuscule dans lequel nous vivons : les préjugés de l'homme instruit sont différens des préjugés de l'homme sauvage ou ignorant, qui, privé de réflexion, ne peut avoir que les opinions bisarres émanées de sentimens qui le dominent.

Il y a deux forces associatrices des idées, le sentiment et la réflexion, qu'il est important de ne jamais confondre; les associations formées par la sensibilité ont des lois différentes des associations formées par l'intelligence.

Dans l'intelligence pure les idées ne se lient que *par leurs rapports*; dans l'imagination pure elles ne se lient jamais par les rapports entre les idées mêmes, mais par les rapports qui existent *entre la sensibilité et les idées*.

La logique proprement dite, celle qui indique la marche de l'intelligence, ne s'occupe que des rapports qui existent entre les idées mêmes.

La logique de l'imagination seroit bien plus compliquée que celle de l'intelligence. Elle seroit fondée sur les rapports simples qui se trouvent entre les idées et la sensibilité, et de plus elle supposeroit les rapports composés résultant des idées liées avec leur sentiment moteur, comparées avec d'autres idées aussi liées avec leur sentiment.

opinions sont-elles en harmonie avec le sentiment, l'âme éprouve une émotion d'harmonie et de bonheur; si au contraire le sentiment est en désaccord avec les principes et les opinions établies, il en résulte cette discordance du cœur avec l'esprit, et ce trouble presque toujours inséparable des passions (1).

Pour être court j'appelle *idée d'imagination* toute idée non désassociée avec son sentiment : l'on conçoit qu'en comparant ensemble les idées de l'imagination, composées chacune d'une idée et d'un sentiment, les combinaisons qui en résultent sont comme les quarrés de leurs élémens, car en comparant les élémens doubles de deux idées d'imagination, je puis comparer chacun des élémens avec les trois autres, et faire de même avec chaque idée composée, et avec chaque sentiment élémentaire.

Chacune de ces seize comparaisons présentera une force d'attraction ou de repulsion différente, et par conséquent un résultat différent.

Toutes les combinaisons d'idées, et toutes les opinions s'éloignent de la *vérité*, c'est-à-dire des purs rapports de l'intelligence, en raison de l'influence de la sensibilité sur elles.

Quand on réfléchit à tous les élémens d'erreurs qui s'agitent autour de l'homme, on ne peut qu'admirer cette force de l'intelligence qui, comme un soleil né dans les nuages, sait déjà répandre tant de rayons lumineux parmi tant de principes d'erreurs et de ténèbres.

(1) Le tableau de l'homme agité par les passions, fait par un grand orateur, me paroît ici à sa place. « Chaque instant
» et chaque objet voit naître en nous de nouvelles impressions.
» Si nous nous perdons un moment de vue, nous ne nous
» reconnoissons plus. Il se forme au dedans de nous une succes-
» sion si continuelle et si rapide de désirs, de jalousies, de
» craintes, d'espérances, de joie, de chagrins, de haines et

Ce trouble de l'âme n'est que le combat que des idées, antérieurement associées, livrent au sentiment moteur. Il en arrive ou que les anciennes opinions calment le sentiment, ou que le sentiment change les idées associées en détrônant pour ainsi dire l'opinion dominante, pour en former une à son gré.

§ 6. Les associations d'idées, appelées *opinion*, se forment d'abord par la sensibilité; la raison peut dans la suite en former d'une autre espèce appelée *principes*. Chacune de ces associations portera quelque chose du caractère de la faculté dont elle est émanée. Les idées formées par l'intelligence auront le caractère calme et ferme que nous voyons être propre aux *principes*, et les opinions qui ne sont que l'ouvrage de la sensibilité, seront très-mobiles dans le sens du sentiment qui les a fait naître, et très-récalcitrantes dans tous les sens opposés à ce sentiment. Le sentiment d'harmonie et de bonheur sera, dans chaque instant donné de la vie, le résultat des idées

---

» d'amours, que si nous ne suivons pas sans cesse ces routes
» diverses et secrètes de nos passions, nous n'en voyons plus
» les principes, ni les suites ; elles se confondent pour ainsi
» dire dans leur multiplicité, et notre cœur devient un abîme
» que nous ne pouvons plus approfondir, et dont nous ne voyons
» jamais que la surface ». *Massillon*.

précédemment associées, combinées avec le sentiment présent.

§ 7. Il y a donc chez l'homme un instinct toujours vivant, qui tend sans cesse à mettre les idées en accord avec la sensibilité, et à placer la sensibilité en harmonie avec les idées. Ne sentons-nous pas nos idées dans un mouvement continuel pour se mettre en harmonie avec le sentiment du moment, et ne voyons-nous pas nos sentimens influencés, modifiés et travaillés sans cesse par les idées, les opinions et les principes, qui n'ont pas encore pu se mettre en harmonie avec eux (1) ? C'est ce mouvement continuel d'oscillation, d'action et de réaction des sentimens et des pensées, que forment le jeu de l'*imagination*.

---

(1) Horace parle d'un richard qui se faisoit un amusement de faire changer d'opinion aux sots qui alloient manger chez lui. Il n'avoit pour cela qu'à faire à ses pauvres parasites le don de quelque robe magnifique.

« *Eutrapelus cuicunque nocere volebat,*
» *Vestimenta dabat pretiosa. Beatus enim jam*
» *Cum pulcris tunicis sumet nova consilia et spes* ».
Epître 18 du premier livre.

CONTINUATION.

DES PASSIONS.

CHAPITRE PREMIER.

Des différentes espèces de passions.

§ 1. *Il est nécessaire de classer les passions. Il y a trois classes de passions.* § 2. *Sous-division des passions primitives.*

§ 1. LES passions n'ont rien qui les distingue essentiellement de tous les autres mouvemens de l'imagination. Les mouvemens foibles de l'imagination tracent de foibles traits, les mouvemens forts en tracent de plus prononcés; et si les mêmes mouvemens sont prolongés, l'image prendra du relief, et enfin un ensemble et une unité, qui la placeront parmi les grandes passions ou parmi les œuvres des beaux-arts : car c'est selon que la réaction de l'âme se portent ou *sur les organes* ou *sur le sentiment*, qu'il en résulte ou les *passions* ou les beaux-arts.

Ce sont les passions qui forment les mouvemens tumultueux et confus de ce qu'on appelle le *monde*. Cherchons un fil pour nous conduire dans ce labyrinthe.

La classification est la première condition de l'ordre et des principes. La variété semble infinie dans les individus ; mais sitôt que, parmi tant de confusion, on est parvenu à établir quelques *caractères généraux*, l'infini s'évanouit, et *dans l'ordre* qui s'établit de partout, tout semble se rapprocher de nous.

§ 2. Les passions sont des mouvemens *prolongés* de sensibilité, qui ont pour principes *un sentiment unique*, moteur de tous les sentimens et de toutes les idées subordonnées.

Les passions sont soumises à trois forces qui se combinent avec une variété presque infinie. Ces forces sont 1.° la sensibilité, 2.° les idées, 3.° et les circonstances. Dans chaque passion quelqu'un de ces élémens prédomine, et forme le caractère sur lequel je vais établir les différentes espèces de passions.

Je distingue les passions.

1.° En *passions primitives* directement émanées de la sensibilité, comme la faim, la soif, l'amour physique, le besoin de mouvement et de repos, etc.

2.°

2.° *En passions secondaires, ou passions pour les moyens, qui ont leur principale source dans les idées,* comme l'ambition et l'avarice avec leur nombreux cortège d'orgueil, de vanité, de cupidité, d'industrie, etc.

3.° En *passions de circonstance ou d'accident,* qui ont leur principe dans l'action de quelqu'objet *extérieur, combiné avec la passion dominante,* comme dans la colère, l'impatience, la peur, la jalousie, le dépit, l'attente trompée, etc.

Ce qui distingue toutes les passions des opérations ordinaires de l'imagination, c'est la *durée,* la *force,* et surtout *l'unité* de leur mouvement.

§ 3. On peut, dans les passions primitives, distinguer les passions de l'automate, des passions de l'homme; mais cette distinction est presqu'idéale. Les passions de l'automate sont des *besoins sans objet,* tandis que les passions de l'homme sont fixées à un objet, c'est-à-dire à une *idée.* Les premières privées d'idées n'ont que la moitié du jeu de l'imagination.

Les passions purement animales sont la faim, la soif, l'amour physique, le besoin de mouvement et de repos, et tous les besoins émanés uniquement de l'organisation. On conçoit que tous ces besoins pourroient exister *sans idées :* le *sentiment pressant* de la faim ou de la soif pourroit parler *avant* de connoître son *objet*, et l'oiseau solitaire éprouve le besoin d'amour *avant* de savoir ce qu'il désire.

L'automate, que je suppose encore privé d'idées, auroit sans doute dans son âme une *disposition bien prononcée* à toutes les sensations propres à calmer ses désirs. Ouvrez-lui les cinq sens, et vous verrez le sentiment moteur se porter *de préférence* sur les *objets de ses désirs*, c'est-à-dire de ses besoins.

Donnez à l'automate les idées, dont nul homme sain n'est privé, et vous verrez d'autres passions naître peu-à-peu de l'action combinée des idées avec les sentimens. Placez-le au milieu des *obstacles* et le mouvement *intérieur* des passions sera forcé à se *combiner* avec l'action des objets *extérieurs*.

Sitôt que, dans les passions primitives, on suppose le sentiment *lié à un objet* on suppose l'action et la réaction des idées sur la sensibilité, et de la sensibilité sur les idées, c'est-à-dire le jeu complet de l'imagination.

Dans cette seconde époque des passions primitives on voit l'amour grossier s'épurer dans l'amour d'un *objet unique ;* bientôt l'amour paternel, l'amitié et mille autres sentimens viendront embellir la vie.

J'ai dit que les plaisirs de l'âme avoient leur source dans l'harmonie, c'est le moment de développer cette vérité.

CHAPITRE II.

Le charme des passions aimantes émane de l'harmonie.

§ 1. Influence des quatre premières lois de l'imagination sur le charme et la durée de nos attachemens. § 2. Les passions aimantes préparent aux passions haineuses. La grâce réunit tous les charmes du cœur. Moyens d'embellir ce qu'on aime.

§ 1. LES élémens de l'harmonie, que nous ne trouvons purs et concentrés que dans les beaux-arts, se retrouvent avec plus ou moins d'alliage dans tous les objets de nos attachemens, et c'est de l'harmonie que l'amour et l'amitié empruntent leur charme et leur durée.

Le sentiment de l'harmonie est le résultat des quatre premières lois de l'imagination, si évidentes dans la musique. Chacune de ces lois est à considérer comme un élément d'harmonie, que l'on retrouve, avec plus ou moins d'alliage, dans tout ce qui *plaît à l'âme*, surtout dans tout ce qui a ce charme, ce *je ne sais quoi* dont on parle avec raison comme d'une chose inconnue.

J'appelle *élémens de l'harmonie* les lois de l'imagination dont l'harmonie se compose; le premier de ces élémens je le trouve dans la première loi de l'imagination, en vertu de laquelle il y a des rapports préétablis entre le sentiment et les idées.

C'est en vertu de ces rapports que le sentiment éveille de *préférence* telle idée à toute autre; et c'est en vertu de cette loi de l'imagination que la sensibilité trouve toujours, dans le trésor de la mémoire, précisément l'idée qu'*elle préfère*. Cette loi est le principe de l'invention, et le commencement de l'harmonie et des beaux-arts; elle est aussi la première condition de l'amitié, et de ce qui, dans l'amour, forme l'union du cœur et de l'esprit, union sans laquelle l'amour n'est jamais qu'un éclair passager.

Ce besoin de trouver l'idée de son cœur, c'est-à-dire de son sentiment, existe chez tout être sensible; il existe dans tous les momens de la vie, puisque, dans tous les momens de la vie, on éprouve quelque sentiment, qui a toujours quelqu'*idée de préférence* à demander : ce besoin du sentiment est foible ou puissant en raison de la sensibilité qu'on a.

Cette douce correspondance des idées d'autrui avec les sentimens que nous éprouvons nous-mêmes, est le premier principe de l'attachement et de l'amitié. On voit combien il y a de chance à courir avant de rencontrer un ami, dont les idées soient *toujours en harmonie* avec nos sentimens, et qui de plus trouve dans nous-mêmes cet accord que son esprit sait nous donner. Cette harmonie entre les idées suppose une harmonie semblable entre les sentimens.

Dans nos jugemens sur les hommes c'est toujours la personne qui a parlé selon notre cœur que nous trouvons *aimable*. Les rapports naturels entre les sentimens et les idées sont si vivement sentis que, l'accord ou la dissonance des idées d'une personne avec les sentimens d'une autre, est une des grandes sources de l'intérêt qu'on prend à quelqu'un, ou bien de cette dissonance de caractère, qui produit le comique de situation, si souvent employé dans la comédie.

On m'objectera que, puisqu'il est dans la nature de l'imagination de trouver toujours l'idée de son sentiment, on n'a pas besoin d'ami pour trouver cette idée. Je réponds, que la force de l'imagination est bornée, tout comme la force de l'intelligence; que, par exemple, des peines réelles, une mauvaise disposition physique, un long ennui, peuvent tellement avoir amorti l'imagination qu'elle n'aura plus la force de jouer son jeu, c'est-à-dire de se développer : ah ! c'est alors que l'amitié devient le premier des besoins, puisque c'est en elle que nous retrouvons cet accord, et cette douce harmonie, que les sots, les ennuyeux, et les méchans, nous avoient enlevés : c'est alors que nous disons avec La Fontaine.

Qu'un véritable ami est une douce chose !
Il cherche nos besoins dans le fond de nos cœurs.

Il y a plus : l'imagination trouve son développement dans l'harmonie comme l'intelligence trouve le sien dans la vérité, mais elle n'est pas plus heureuse à éveiller à volonté telle idée dans l'âme, qu'on ne l'est à trouver à point nommé telle vérité que l'on cherche, et qui néanmoins se trouve dans l'âme aussi bien que les sentimens de l'harmonie. L'un et l'autre de ces développemens de notre être ont besoin du secours des circonstances pour arriver à quelque perfection : car rien dans la nature n'est fait pour se développer isolément.

Tout nous prouve que cette vie n'est qu'une vie ébauchée ! Qui n'a pas éprouvé le besoin de pensées qu'on n'a jamais trouvées encore. *Inexprimable, et indicible* ne sont-ils pas des mots de toutes les langues ! Quel homme éloquent n'a pas senti un *au-delà* de ses talens? Qui n'a pas eu le sentiment d'une perfection que nul homme n'a pu atteindre ? D'où viennent ces besoins du génie, si ce n'est des rapports préétablis mais non développés entre le sentiment et les idées. L'imagination porte en elle, comme l'intelligence, une spèce d'infini, fait pour laisser à l'homme une espérance immense.

Je passe à la seconde loi de l'imagination.

Il ne suffit pas à notre cœur de trouver, chez la personne aimée, les *idées* qui sont en rapport avec notre sentiment, il faut de plus que ces idées aient précisément *l'intensité que le cœur exige*, tout comme en musique, les sons, que demande le motif de l'air, ne sont qu'une musique ébauchée, s'ils n'ont pas *l'expression* que le sentiment désire.

On peut trouver *agréable* la personne dont l'esprit nous plaît, mais si les idées que son esprit nous présente n'ont pas *l'intensité*, c'est-à-dire la force et la *tenue* que notre cœur exige, on ne s'attachera point encore à cette personne. Mais qu'est-ce que des idées sans *tenue*, ou des idées sur lesquelles *on appuie trop ?* Qu'est-ce donc qui règle l'intensité des idées ? Je réponds que *c'est le sentiment qui les juge*. Il en est des idées comme des sons en musique, c'est le *motif* de l'air, ou le sentiment qu'on a, qui décident si sur tel accord ou sur telle idée on doit appuyer *fortement ou légèrement*. Parlez-vous à une âme affligée, sans doute que vous appuierez *différemment avec elle sur les mêmes idées* que si vous aviez à parler avec une personne qui sort du bal.

Ce n'est pas toujours la complaisance qui réussit : en amitié comme dans les beaux-arts rien ne remplace la véritable sensibilité. On a quelquefois dans l'âme et dans le cœur des *fantaisies*, qui ne font que voiler les véritables besoins de l'âme, que le sentiment vrai et profond d'un ami peut seul nous révéler. Ce sont ces besoins inconnus, si doucement soignés par l'amour ou l'amitié, qui ont fait dire à Corneille :

> Il est des nœuds secrets, il est des sympathies
> Dont par *le doux rapport* les âmes assorties,
> S'attachent l'une à l'autre.

C'est *dans les justes nuances d'intensité* qu'est ce charme, ce *je ne sais quoi* qui attache les cœurs l'un à l'autre. Une légère connoissance du monde, un intérêt passager, ou de la complaisance, peuvent faire trouver par instant les besoins de la sensibilité d'autrui; mais c'est dans la justesse parfaite et *prolongée* de notre sympathie (justesse qui ne peut émaner que des profondeurs du cœur) qu'est *placé ce charme* qui fait naître l'amitié, et donne à l'amour le caractère d'élévation et de constance, que les sens ne peuvent lui donner.

La *mesure des idées* est une autre loi de l'imagination.

Il faut distinguer *l'intensité* des idées *du mouvement des idées*, comme en musique on distingue les *pianos* et les *forté*, des mouvemens lents ou précipités. C'est encore la sensibilité qui règle la mesure du mouvement des idées. Comment résister à une personne, qui, après avoir su trouver la *pensée* de notre cœur, sait toujours y *toucher*, selon le besoin de notre sensibilité, et donner à ces sons délicieux de l'âme, *l'intensité*, le *mouvement* et la *mesure* du sentiment qui nous occupe?

Voyez ces enfans: ils ne se sont jamais vus; ils se saluent à peine; ils ne se disent rien; mais bientôt la sympathie de leurs mouvemens et de leurs idées établit une harmonie, du moins momentanée, que les personnes d'un autre âge ne sauroient jamais faire naître chez des enfans.

Je passe au dernier élément de l'harmonie contenu dans la loi des *idées successives*. Si l'idée qui suit choque celle qui précède, le charme est rompu en amitié, en amour, en poësie, en conversation, en architecture, en peinture tout comme dans la musique (1).

C'est l'harmonie *successive* des idées qui annonce *l'unité* du sentiment, et par l'unité la durée du plaisir qu'on nous donne, c'est l'harmonie successive qui achève le *charme*, et assure de la solidité et de la constance d'un attachement.

---

(1) Rousseau dans son Dictionnaire de Musique dit : « Un seul chevrottement au milieu du plus beau chant du monde suffit pour le rendre insupportable et ridicule. » En amitié, en amour, en estime, il y a tel mot capable de rompre la chaîne la plus forte.

Il ne faut pas confondre le beau moral, né de l'harmonie, avec le beau moral né de l'intelligence; ce dernier tient encore plus à l'idée d'*ordre* qu'au *sentiment de l'harmonie*, qui ne peut appartenir qu'à l'imagination.

La Bruyère a dit : « *il y a un goût dans la pure amitié où ne peuvent atteindre ceux qui sont nés médiocres.* » Ce goût tient au sentiment de l'harmonie, que l'on n'éprouve, que lorsqu'on est capable de réunir dans un sentiment *unique* tout ce que la personne chérie nous fait éprouver. Or il n'est pas donné aux âmes d'une trempe médiocre, de séparer de l'alliage de la vie le charme qui nous entraîne vers quelqu'un et de sentir *dans son ensemble*, le plaisir qu'on nous fait éprouver. Il y a des personnes qui aiment la bonne musique parce qu'elles sont entraînées par elle, mais il n'y a que le musicien distingué, qui sache la juger et la sentir *dans cet ensemble* et *dans cette unité*, qui fait le charme des beaux-arts comme elle fait celui de l'amitié, de l'amour, et de tous les véritables attachemens du cœur.

De l'observation de ces quatre lois de l'imagination, résulte le *sentiment complet de l'har-*

monie, par lequel tous les accords entre les idées et les sentimens sont sentis comme un accord unique. Dans la vie commune, l'harmonie, toujours mêlée de beaucoup de dissonnances, ne peut agir avec la force qu'elle a, lorsque ses accords sont purs comme dans les beaux-arts ; mais lorsque cette douce harmonie se trouve en effet dans le cœur de ce qu'on aime, c'est le ciel descendu sur la terre.

L'on voit par tout ce que je viens de dire, que l'imagination n'a partout qu'un même développement et qu'une même jouissance, qui est la *beauté révélée par l'harmonie*.

Ces élémens de l'harmonie sont à la fois des élémens de haine comme d'amour, de sympathie comme d'antipathie ; plus on aime plus aussi l'on devient capable de haïr ; et c'est un des inconvéniens des grandes affections du cœur de rendre exclusif, quelquefois injuste, et de nous isoler peu-à-peu dans tous nos rapports, au point de nous mettre enfin en hostilité avec tout ce qui n'est pas l'objet particulier de notre affection.

Que de rapports ne suppose pas un amour parfait ! Rapports réciproques des âmes, toujours si difficiles à trouver, et encore plus difficiles à soutenir ; rapports entre la figure et l'âme, rapports entre les nuances des sentimens, toujours si mobiles, avec l'expression de ses sentimens dans le geste, dans le langage, dans le rythme, et jusques dans le son de la voix. L'accomplissement de tous ces rapports ne se trouve complet que dans la *grâce*, qui est le mouvement de la beauté, et l'harmonie suprême de tant de rapports mobiles et fugitifs, dont le sentiment semble élever l'homme au-dessus de lui-même.

Dans la réalité ces rapports ne se trouvent que par éclairs, et il importe en amour, comme en amitié, de chercher plutôt à nous rendre plus aimans, qu'à trop exiger de ce que nous aimons. Ce que nous ajoutons à notre sentiment, nous l'ajoutons réellement *à l'idée* que nous nous créons de la personne aimée. *Nous rendre meilleurs* et plus *aimans*, est donc le moyen le plus sûr de réaliser une partie des perfections que notre cœur exige, puisque en aimant davantage, on ajoute quelque charme à *l'idée* qu'on se fait de ce que l'on aime ; et qu'en se rendant meilleur, on augmente le sentiment qu'on inspire.

CHAPITRE III.

De l'origine des sentimens religieux.

§ 1. Avant de quitter les passions primitives, je vais développer l'origine d'un sentiment presqu'universel chez toutes les nations, et que, par conséquent, on peut, dans son principe, ranger parmi les passions primitives : ce sentiment est celui qui a fait naître la religion chez toutes les nations de la terre.

J'ai dit que l'intelligence devoit son premier éveil à la sensibilité : voyons comment les idées les plus sublimes peuvent avoir leur origine dans l'imagination.

Nous avons vu *les idées de préférence* naître des rapports préétablis entre les sentimens et les idées. En vertu de cette loi chaque *sentiment a ses idées de préférence* ; la *crainte* a ses *idées* ; la *reconnoissance* a ses *idées* ; l'*espérance* a ses *idées*. Ces idées une fois placées *hors de nous*, sont, comme l'*idée réalisée* par les beaux-arts, augmentées, agrandies et façonnées à la mode du pays; car ce n'est jamais que les idées, qu'on a déjà, que l'imagination emploie.

Lorsque les *sentimens*, créateurs de nos idées sont produits par une cause plus qu'humaine, qui, comme celle des grands phénomènes de la nature, *passe le pouvoir des agens ordinaires*, l'imagination *extraordinairement affectée* par un sentiment *surnaturel*, enfantera des *idées surnaturelles*.

L'idée d'une force surnaturelle, irrégulière, donne ensuite l'idée d'une *volonté*, dont les mouvemens, aussi irréguliers que ceux de nos propres fantaisies, ont donné naissance à tous les Dieux; et ensuite à tous les cultes, créés par des hommes ignorans, tour-à-tour affectés par la crainte, l'espoir ou la reconnoissance.

Je range les idées religieuses parmi les passions primitives, parce qu'émanées directement de la sensibilité, elles produisent des idées passionnées, qui ne s'épurent que peu-à-peu à mesure qu'elles s'élèvent de l'imagination à l'intelligence; et ne s'épurent jamais dans la classe nombreuse des hommes, qui, toujours privés de raison, sont éternellement condamnés à être intolérans, fanatiques et superstitieux.

Les sentimens de religion, émanés dans leur origine de la nature même, peuvent, par le moyen de *fictions* embellies par les beaux-arts, s'allier au sentiment du beau. Unies dans la suite avec l'intelligence on en voit naître les vérités les plus sublimes et les plus relevées.

J'observerai encore que c'est à la religion que nous devons tout ce qu'il y a de grand et de sublime dans les beaux-arts : il falloit une inspiration surnaturelle, émanée des sentimens religieux pour inspirer de grandes idées plus dignes des Dieux que des hommes. Si l'harmonie inattendue des grandes pensées est ce qui produit le sublime, quels objets étoient plus digne de le faire naître que les Dieux et les Héros !

CHAPITRE IV.

Des passions secondaires, ou passions pour les moyens.

§ 1. *Caractère des passions secondaires.* § 2. *Comment elles se forment.* § 3. *Comment l'amour de la patrie vient à naître.*

§ 1. U<small>N</small> désir, d'abord subordonné, devenu *dominant* dans la suite, produira les *passions secondaires, ou passion pour les moyens.* Il

en

arrivera qu'un objet qui, dans son origine, n'étoit que *moyen*, devient *but*, aussitôt que le *désir* est venu rendre *dominante l'idée de cet objet*.

1.° Quoique le premier éveil de toute passion soit dans la sensibilité, il n'en est pas moins vrai que le mouvement *fort*, *prolongé* et *un*, qui, d'un simple sentiment, fait une *passion*, a, dans les passions secondaires, sa source *dans les idées* plutôt que dans la sensibilité. Le *besoin* de la faim a donné le *désir* du fruit; le désir du fruit a donné le désir de posséder l'arbre ; puis le fond sur lequel il est placé. Ainsi la *source*, non du premier mouvement, mais du mouvement un et prolongé des passions secondaires, est placé dans les *idées*.

2.° Les passions secondaires prennent un mouvement composé des mouvemens *de l'intelligence* et des mouvemens de l'imagination, tandis que les passions primitives se rapprochent de *l'harmonie*. Il y a peu de *charme* dans l'avarice et l'ambition, tandis que le charme suprême réside dans l'amour et l'amitié; mais en revanche il y a dans les passions secondaires plus de combinaisons, de calculs, d'idées et d'intelligence.

3.° *Les passions secondaires* sont toujours *privées d'harmonie*. L'ambition peut singer la sensibilité en prenant la peine de plaire, mais dans ce désir factice d'une ambition toujours dépourvue de sensibilité réelle, l'âme du chat ou du tigre se trahit souvent. L'avarice, qui peut se passer même de l'apparence de sensibilité, est bien plus disgracieuse que l'ambition, laquelle a toujours besoin de quelque masque agréable.

4.° Les passions secondaires et primitives, ont une *progression naturelle*, née du développement naturel des rapports préétablis entre la sensibilité et les idées, que les passions d'accident n'ont pas. Le mouvement des passions de circonstance tend *à revenir au mouvement troublé de la passion dominante*, tandis que les passions primitives et secondaires tendent toujours en avant vers un but placé devant elle.

Voici comment les passions secondaires se forment.

La sensibilité éveille les idées ; par exemple, la faim éveille l'idée d'un fruit. Lorsque les *idées* rencontrent des *obstacles* et des retards dans les *choses*, c'est-à-dire dans les *objets extérieurs*, il en arrive que le sentiment, forcé à se *détacher de son premier objet,* se porte sur un second, troisième, et souvent centième objet. De la *comparaison* de ces *objets* secondaires, appelés *moyens,* naissent les combinaisons, les généralisations d'idées, et enfin *l'éveil de l'intelligence,* mais de l'intelligence encore plus ou moins atteinte par quelque mouvement de la sensibilité. Le sauvage, d'abord chasseur, devient pâtre, et puis agricole; le guerrier féroce apprend à combiner ses idées, et, au lieu de se battre comme un taureau, bientôt il apprend *à faire la guerre.* Horace a très-bien peint cet état de la société avant l'époque de la civilisation, c'est-à-dire, avant que les lois de l'intelligence et de la raison eussent pris quelqu'ascendant sur les lois de la sensibilité animale.

Quum prorepserunt primis animalia terris,
Mutum et turpe pecus glandem, atque cubilia propter;
Unguibus et pugnis, dein fustibus atque ita porrò
Pugnabant armis quæ post fabricaverat usus;
Donec verba, quibus voces sensusque notarent,
Nominaque invenere. Dehinc absistere bello,
Oppida cœperunt munire, et ponere leges,
Nequis fur esset, neu latro, neu quis adulter:
Nam fuit ante Helenam c.... teterrima belli
Causa: sed ignotis perierunt mortibus illi,

Quos Venerem incertam rapientes, more ferarum,
Viribus editior cædebat ut in grege taurus.
Horace. L. I. Sat. III.

Les passions secondaires n'ont pour *but* que des *moyens*, et ces moyens ont dans leur origine pour *motif* les passions primitives. L'ambition et l'avarice avec leur nombreux cortège de vanité, d'orgueil, de cupidité, d'industrie, etc., jouent le premier rôle parmi les passions secondaires : on veut de l'or et de la puissance pour acquérir *autre chose* que de l'or et de la puissance; et cette autre chose, *dans l'origine des sociétés*, n'étoit, comme dit Horace, que les jouissances des premiers besoins.

Les passions primitives pures ont pour *objet* une jouissance physique réelle, et pour *motif* un *désir* non factice, mais inhérent à l'organisation même. Les passions secondaires ont pour premier éveil le *désir* des passions primitives, où elles ont pris leur naissance : mais dans l'état de société elles peuvent subsister seules, comme la branche détachée de l'arbre peut renaître dans une terre féconde.

Plus les nations se civilisent, plus les passions primitives s'élèvent au rang des passions secondaires, qui n'en sont que le développement. Les passions secondaires se rapprochent déjà de l'état de raison; leur mouvement est partout rallenti; bientôt elles ont besoin de calcul, de modération, de retenue, et enfin de réflexions et de principes. Elles sont le passage de l'imagination à l'intelligence.

Les animaux n'ont que des passions primitives, et des passions d'accident ou de circonstance. Les passions secondaires supposent un développement, et une prévoyance que les animaux n'ont pas, et que nous leur prêtons trop souvent. Sans doute que l'abeille, dans ses travaux, est plutôt poussée par un besoin émané de son organisation, que par une prévoyance que la perfection même de ses travaux prouve qu'elle n'a pas.

Comme le nombre des sentimens et des idées, à la fois présent à l'âme, est borné, l'âme est absorbée toute entière dans les sentimens et dans les idées *du moment*. Elle peut donc être absorbée en entier par les *moyens* au point de perdre peu-à-peu de vue le sentiment originairement moteur de ses idées. C'est ainsi que, dans le jeu des échecs, l'attention, due au roi, se perd dans l'attention donnée à toutes les pièces qui ne sont pas lui. La défense du roi est l'âme du jeu, mais c'est quelquefois du roi qu'on s'occupe le moins.

Le premier mouvement d'amour peut éveiller un sentiment vague de jalousie, qui, changée en *désir d'être préféré à tous ses rivaux*, puis à tous ses *concurrens*, produira à la fin *l'ambition* la plus décidée. Il y a d'ailleurs dans le labyrinthe des grandes sociétés des routes tracées à l'avarice et à l'ambition ; ces passions trouvent partout des grands théâtres tout dressés, où mille passions d'accidens suffisent pour nous conduire jusqu'au moment où la mort vient nous surprendre quelquefois au milieu du drame de la vie.

Il y a plus : la civilisation tend à développer l'intelligence plutôt que l'imagination ; et ses efforts portent sur les *idées* plutôt que sur les *sentimens*.

Un léger mouvement de sensibilité suffit pour produire chez les hommes civilisés un grand mouvement d'idées. Ces mouvemens d'idées prennent, le plus souvent, la *forme de l'imagination*, c'est-à-dire qu'ils se présentent à l'âme sous la forme de quelque idée centrale, entourée d'un grand nombre d'idées subordonnées. Cette forme de l'imagination est parfaitement adaptée à la marche de l'esprit, qui, passant pour ainsi dire d'un tourbillon d'idées à un autre, change successivement ses *moyens* en *buts* et *ses buts* en *moyens*, en faisant successivement d'une idée subordonnée une idée centrale, et d'une idée centrale une idée subordonnée. Il suffit que l'idée du moyen prenne *le mouvement du désir dominant*, pour devenir *but* à son tour.

Quand je dis, que les passions secondaires ont pour principe moteur les idées bien plus que la sensibilité motrice, j'ai l'air de me contredire, et cependant il n'en est rien.

Les *idées* agissent sur l'automate *par le moyen de leurs organes :* or l'organe conserve toujours plus ou moins *sa tendance* au mouvement qu'on lui a fait faire, au point que tel organe peut devenir une *détente*, qu'une légère impulsion de sensibilité peut faire partir. Ces organes de détente n'agissent encore que par la sensibilité; mais la sensibilité, qui les fait jouer, n'est pas la sensibilité du moment, c'est la sensibilité *accumulée* de mille momens précédens, ou plutôt c'est l'*effet* accumulé de mille sentimens qui ont précédé, et qui tous ont *agi dans le même sens*.

Il peut y avoir encore telle disposition organique qui donne au mouvement de tel organe, une force très-grande, et en apparence hors de mesure avec la cause motrice.

Voyez le ravage que *tel mot* prononcé peut faire sur tel fou lorsque ce mot touche à son organe de détente. Il en est de même de tel mot dit à un homme irascible; mais le fou et l'homme irascible, ont l'un et l'autre été préparés à l'explosion, l'un par un organe dérangé par la maladie, l'autre par des mouvemens de colère fréquemment répétés.

Les passions secondaires sont lentes à se développer; la raison en est qu'étant toutes factices, il faut que les organes aient le temps de se préparer au jeu de ces passions.

Les passions sont ce qu'il y a de plus contagieux : représentées sur la toile ou sur le théâtre elle sont déjà capables d'entraîner, combien ne sont-elles pas plus entraînantes encore dans la réalité? De là les passions nationales : comment dans une ville de commerce, ou chez une nation toute commerçante échapperoit-on à l'amour du gain, et au respect pour les richesses? Comment dans une armée, pleine de héros, seroit-on privé de courage? Mais ce qui exerce le plus infaillible empire sur les nations, c'est l'esprit de leurs lois. Si la justice règne dans les lois, on en retrouve le sentiment dans les mœurs; est-ce l'injustice qui domine? chaque nuance de la passion, ou de l'ignorance du législateur laisse son empreinte quelque part. Est-ce la terreur qui règne? alors les âmes avilies ne se demandent plus ce qui est juste ou injuste, ce qui fait le bien ou le mal, mais ce qu'on ose, ou qu'on n'ose pas faire, dire, penser, ou sentir.

§ 3. *L'amour de la patrie* peut être rangé parmi les passions secondaires. Chez les nations non civilisées l'amour de la patrie n'est que l'amour de ses *habitudes.*

Plus les habitudes d'une nation s'éloignent des habitudes des autres nations plus cette nation y est attachée. Sous ce rapport personne n'aime plus fortement sa patrie que les Lappons et les Groenlandois, qui ne peuvent vivre ailleurs que dans leur pays. Le grand attachement des Suisses à leur patrie a moins tenu à la bonté de leurs gouvernemens, qu'à l'habitude de passer les étés sur les montagnes. Il n'y a guères que les Suisses, qui ont pris les habitudes que l'on contracte dans la vie libre et solitaire des Alpes, (où l'homme placé entre le ciel et les fleurs, jouit au-dessus des nuages, d'une indépendance et d'un calme qu'il ne retrouve jamais dans le monde,) il n'y a dis-je que ces Suisses-là qui sont sujets à ce qu'on appelle le *mal du pays*.

Lorsque cet amour inné de son pays vient à s'allier dans la suite avec des *motifs raisonnés* d'attachement, vous en voyez naître, ce qui seul mérite le nom d'*amour de la patrie*, l'amour d'une constitution protectrice, dans laquelle *la liberté unie à l'ordre*, produit à la fois le mouvement de la vie et la règle de ce mouvement.

CHAPITRE V.

Des passions de circonstance ou d'accident.

§ 1. *Caractère des passions de circonstance.*
§ 2. *Analise de la conscience morale.*

§ 1. Les passions primitives et secondaires ont leur route toute tracée, soit dans la nature primitive de l'organisation de l'automate, soit dans la nature factice de cette organisation. L'amour et l'amitié ont leur marche, et l'ambition et l'avarice ont leur allure, leur point de départ et leur route tracée.

Cette route, cette marche sont des images qui expriment le mouvement du désir *tracé dans les organes*. Ce désir peut n'être qu'une légère émotion, mais ce même désir prolongé peut ébranler tout le système de l'organisation. Si ce système se trouvoit placé au foyer d'une nation; si cette nation elle-même étoit le foyer de tout le système politique, on verroit les mouvemens d'une âme ébranler la terre, et une pensée faire le destin des peuples et des rois.

Mais ces mouvemens du désir peuvent être croisés par une passion d'accident ou de circonstance et produire le *mouvement composé*, qui forme les passions de circonstance.

Le caractère principal des passions de circonstance est d'aller toujours d'un *mouvement composé de deux forces*. J'ai de *l'impatience* en raison du *désir arrêté* par un obstacle : si j'étois sans désir je serois sans impatience ; si j'étois sans amour je serois sans jalousie, etc.

Les sentimens religieux ont leur marche naturelle tracée par la nature de la passion ; mais sitôt que ces sentimens éprouvent un *obstacle*, ils se changent en *fanatisme*, en *intolérance*, etc.

On conçoit que plus on éprouve de passions primitives et secondaires, plus on est exposé aux passions de circonstances. Voyez le cœur des personnes passionnées, il est sans cesse la proie de quelque passion de circonstance. Que d'incidens dans la vie de l'ambitieux, que d'événemens dans celle des personnes éprises d'amour ! L'histoire des nations, faute de connoissance plus réelles, ne se compose presque que de passions de circonstance, nées d'événemens inattendus : car la sensibilité, semblable à la matière électrique, ne produit des explosions, que lorsque son mouvement naturel est troublé.

§ 2. Il faut placer dans la classe des passions d'accident un phénomène, qu'on a, ce me semble, mieux peint que défini.

Ce phénomène, c'est la conscience.

La conscience suppose un mouvement très-vif de sensibilité, d'idées, et d'accident.

L'âme humaine a mille idées obscurément senties, comme le ciel a mille étoiles effacées par la vive lumière du soleil. L'homme, toujours agité par quelque passion, n'aperçoit le plus souvent que les idées qui le dominent; car toutes les pensées de l'entendement pâlissent en présence des passions. Parmi ces idées non aperçues, quoique présentes à l'âme, sont les idées du bien et du mal, presque toujours obscurcies par l'éclat des sentimens personnels dont se compose la vie. Lorsque la lumière des grands foyers de la sensibilité est venue à s'amortir par l'âge, par le malheur ou la réflexion, alors les idées inaperçues commencent à briller de partout. Si ces idées du bien et du mal avoient été préparées par la religion, si, ranimées par la sensibilité, elles étoient liées aux émotions du sentiment, alors leur éclat, concentré par la réflexion, et relevé par le contraste de nos actions avec nos principes, produiroit ces éclairs souvent terribles, qui précèdent le resentissement plus terrible encore de la conscience et des remords.

Mais la conscience suppose de plus un autre élément, dont elle emprunte ses plus grands effets.

Nous avons vu qu'il y avoit des rapports préexistans entre les sentimens et les idées. Je ne sais pourquoi *il y a des momens* où ces rapports prennent tout-à-coup une force prodigieuse (1) : cet état où une partie de nos idées est subitement illuminée par des éclairs, est ce qu'on appelle *inspiration*. La dévotion a ses extases, la poésie a sa verve, tous les beaux-arts ont leur inspiration ; les passions aussi ont leurs mouvemens d'exaltation qui ne se retrouvent pas à volonté. Voyez que d'élémens vont se concentrer dans le foyer de la conscience : d'un côté c'est le contraste de nos actions avec nos principes,

---

(1) Il y a dans les Confessions de Rousseau plusieurs exemples singuliers de cette disposition de l'esprit à être frappé de quelqu'idée particulière.

relevé encore par le sentiment de nos peines présentes ou futures; de l'autre ces sentimens si exaltés se trouvent illuminés tout-à-coup par ces inspirations subites, qui semblent prêter aux sentimens un redoublement de puissance sur les idées soumises à leur empire.

La réflexion, c'est-à-dire le développement des idées par l'intelligence, prépare aux mouvemens de la conscience en portant l'attention sur les idées du bien ou du mal, que la conscience sait, dans la suite, si bien mettre en contraste avec nos actions.

Il y a une conscience heureuse, dont La Bruyère, l'excellent La Bruyère a si bien peint la sensation, en disant: *rien ne rafraîchit le sang comme le plaisir d'avoir évité une sottise qu'on alloit faire.*

Il y a une autre différence, qui distingue les passions d'accident ou de circonstance des passions primitives ou secondaires. Les passions primitives et secondaires ont un *but* et un objet réel et prolongé de recherches; le ressort de ces passions est toujours un *désir* dominant prolongé, qui les fait aller *sur une même ligne* vers un but proposé placé en avant d'elles, tandis que les passions d'accident, qui ne sont que l'explosion d'un organe doublement affecté, et par le désir dominant de la passion fondamentale, et par la cause modifiante toute extérieure, se dispersent en mille jets, tous partis d'un centre commun, qui est l'organe affecté d'une double action, l'une intérieure et l'autre extérieure.

L'on voit que les passions primitives sont les *sources primitives* du torrent de la sensibilité, qui grossi ensuite par tous les ruisseaux, qui, dans l'état de société arrivent de toutes parts *des passions secondaires*, fuit et se précipite par dessus mille *obstacles divers*, où l'onde bout et fermente, s'élance ou bondit contre les corps étrangers qui s'opposent à son passage.

Une bonne théorie des sentimens (1) s'appliqueroit à démêler les effets divers de tant

---

(1) La théorie des sentimens, semblable à une chimie intellectuelle, s'appliqueroit surtout à connoître l'attraction et la répulsion de ce que j'appelle *idées d'imagination*, ou idées *liées à leur sentiment moteur*.

Je ne me suis appliqué dans cet ouvrage qu'à développer les rapports qui se trouvent *entre les sentimens et les idées*. Si mes principes étoient justes, il faudroit dans l'analise de l'intelligence développer *les rapports des idées entr'elles*; et dans l'analise de la sensibilité les rapports qu'il y a *entre les sentimens* : alors seulement on pourroit faire une théorie complète de l'imagination.

de causes et de tant de combinaisons variées ; elle chercheroit à connoître les produits singuliers de tant d'élémens opposés, et s'appliqueroit surtout à déterminer leurs rapports avec le bonheur et la vertu, c'est-à-dire avec le bien de l'individu et la félicité publique.

SECOND DÉVELOPPEMENT.

LE BONHEUR.

AVANT-PROPOS.

J'AI fait voir, dans tout le cours de cet ouvrage, la distinction qu'il y a entre sentiment et idée; distinction qui ne se fait pas seulement sentir dans l'âme, mais qui se remarque encore dans l'automate, puisque les *sentimens* sont des sensations d'un sens, distinct des sens qui donnent les *idées*. Nous avons vu, que tout ce qui donne le *mouvement* aux idées, a sa source dans la *sensibilité*; et que tout ce qui s'appelle *connoissance*, et tout ce qui présente l'idée d'un *objet extérieur*, ne peut naître que des *cinq sens*. Nous avons vu que les mouvemens du sixième sens étoient représentés dans l'âme par les sensations appelées *plaisir* ou *douleur*, destinées à donner le *mouvement* aux idées. Nous avons retrouvé dans l'intelligence quelque chose de semblable au mouvement; mais le mouvement, attribué à l'intelligence, a des caractères différens du mouvement de sensibilité.

La *direction* du mouvement de l'intelligence est toujours différente et souvent opposée à celle de la sensibilité ; elle tend par sa nature au développement de la faculté de connoître, tandis que l'imagination tend au développement de la faculté de sentir. Enfin, on a vu la *liberté* de l'homme dans la faculté d'agir par l'un ou par l'autre de ces mouvemens, en suivant à son gré, les directions de l'intelligence, ou les mouvemens de l'imagination.

Je vais dans la dernière partie de cet ouvrage, développer les grands résultats de l'action et de la réaction réciproques des sentimens et des idées. Ces résultats sont *le bonheur ou le malheur de l'homme*, dont les *idées* et les *sentimens* sont les intrumens nécessaires. L'un de ces instrumens, la sensibilité, donne le mouvement et règle les intensités et les vîtesses de ce mouvement, tandis que l'autre instrument, les idées, donne les *sons* qui *expriment* ces vîtesses et ces intensités. Nous allons voir, que des *rapports* entre les *mouvemens* de la sensibilité avec les *idées* mues par la sensibilité, résulte l'harmonie ou la discordance de notre être, dont le sentiment est ce que nous exprimons par les termes de *bonheur* ou de *malheur*.

CHAPITRE PREMIER.

Définition du bien et du mal.

Il importe de bien distinguer dans cette dernière partie ce qui appartient aux idées de ce qui appartient à la sensibilité.

Par *idée* il faut entendre toutes les sensations des cinq sens, et par *sentiment* toutes celles du sixième, et se rappeler, que tout ce qui est émotion ou *mouvement* appartient à la sensibilité, et que tout ce qui est *objet extérieur* appartient aux *idées*, par lesquelles seules les objets existent pour nous.

Il y a deux sortes d'idées; les idées *réfléchies*, qui, si elles sont pures, sont sans aucun mouvement de sensibilité; et les *idées d'imagination*, qui sont des idées toujours liées à quelque sentiment, et par lui à quelque mouvement.

Une idée associée à quelque sentiment, je l'appelle *idée d'imagination*.

On conçoit qu'il faut séparer, dans les *idées d'imagination*, ce qui est *sentiment* de ce qui est *idée*.

Presque toutes les idées populaires sont des idées d'imagination ; ce qu'on appelle *opinion publique* n'est que cela : et voilà pourquoi elle a tant d'empire sur les hommes.

Otez aux *opinions* le mouvement de sensibilité ; et alors seulement vous aurez des idées *pures*, c'est-à-dire indifférentes (1). Les sensations des cinq sens sont des idées *indifférentes* par leur nature, et n'acquièrent une *valeur* que par le sentiment qui vient s'unir à elles. Telle *saveur* n'a de prix que par tel *besoin*, qui en fait naître le *désir* ; telle odeur, et telle couleur ne sont agréables que par les dispositions de l'organe, qui viennent attacher à ces sensations quelque sentiment de plaisir.

Le langage populaire, né de l'imagination, s'écarte toujours du langage de l'abstraction ; mille mots, qui semblent n'exprimer que les

---

(1) On voit que les disputes des anciens sur les biens *d'opinion* n'étoient que des disputes de mots : l'opinion portant déjà son sentiment avec elle, il étoit clair que le bonheur ou le malheur dépendoit de l'opinion, c'est-à-dire du *sentiment* attaché à l'opinion. Que de gens sont tentés de croire que le bien et le mal ne viennent que de l'*idée* qu'on se fait des choses. Ils ont raison si par idée ils entendent des *idées d'imagination* : on ne dit alors autre chose sinon qu'on est heureux lorsqu'on a des idées ou des objets agréables. *Voyez le 4.º livre des Tusculanes.*

choses, c'est-à-dire les *idées des choses*, portent déjà avec eux quelque *sentiment*, qui en fait des *idées d'imagination*. Les mots, *or, richesses, crédit, puissance* ne vont jamais sans quelqu'alliage de sensibilité, qui en fait des idées d'imagination, des *opinions*; il n'y a que ce que le peuple appelle les philosophes, c'est-à-dire les hommes à abstraction, qui regardent ces *idées* comme indifférentes *en elles-mêmes*.

Il faut bien saisir le sens du mot *indifférent*, et ne jamais oublier que *rien* n'est indifférent aux yeux du *sentiment*, et que *tout* est indifférent aux yeux de *l'abstraction*. Tout *bien* n'étant qu'un *accord* entre un sentiment et une idée, tout *élément* de rapports est indifférent, comme tout *son isolé* est indifférent en harmonie, jusqu'à ce qu'un autre son soit venu éveiller le *rapport*, qui constitue l'accord ou la dissonnance de ces sons.

J'ai dit que toute *idée* étoit indifférente; mais il faut observer que tout sentiment, même élémentaire, ne l'est pas. La raison en est qu'un *sentiment* est déjà un *rapport* entre le *besoin* exprimé par le *désir* et une *jouissance* inaccomplie: de manière que le *plaisir* attaché à telle saveur est réellement déjà *dou-*

blement composé; puisqu'un des élémens (le sentiment appelé *désir*) est déjà composé. (1)

Le bonheur se compose de *biens* comme la musique d'harmonie : toute idée qui est en accord avec le *désir* produit *un bien*, c'est-à-dire une harmonie ; toute idée qui est en désaccord avec le désir produit un *mal*, c'est-à-dire une dissonnance. Mais, comme l'abstraction considère la vie *successive* comme *simultanée*, l'intelligence considère ensuite telle *somme de biens* comme *une unité*, et la *somme* opposée de maux comme *une* autre *unité*, et on appelle *bien* ou *mal* celle de deux masses qui prévaut dans la balance.

Tout ce qui est extérieur à l'homme je l'appelle *chose* ou *objet*, et je dis que les choses n'existent pour nous que dans les *idées* qui les représentent. Je puis donc appeler *idée* les *choses*, comme *richesses*, *puissance* etc., et opérer comme dans l'algèbre sur les *signes*, c'est-à-dire sur les idées, d'autant mieux que je ne connois des *choses* que leurs signes.

---

(1) La couleur verte se compose du bleu et du jaune. *L'unité* de la couleur verte, et le *plaisir* attaché à cette couleur, n'auroient-ils pas leur cause dans *l'harmonie* ?

CHAPITRE II.

§ 1. *Le bonheur résulte d'un rapport.* § 2. *Il consiste dans l'harmonie des idées avec la sensibilité.* § 3. *Les choses et les idées ne donnent de bonheur qu'autant qu'elles sont en harmonie avec le cœur.* § 4. *L'imagination tend par elle-même au bonheur.* § 5. *La gaîté qui plaît tient à la sensibilité.* § 6. *Fausses maximes nées de l'abus des plaisirs sensuels.*

§ 1. Nous allons voir : que le bonheur n'étant que le sentiment de l'harmonie des idées avec la sensibilité, ne peut se trouver dans rien d'absolu. Il n'est ni dans les idées, ni dans les sentimens, ni dans l'esprit, ni dans le cœur, mais dans un certain *rapport* entre ces choses, que j'appelle *harmonie*. On voit que ces rapports qui résultent de la trempe de l'âme, et de celle des organes, supposent des élémens prodigieusement composés.

Les *idées* ne suffisent pas au bonheur. Pour le prouver, je distingue les idées en réfléchies et non réfléchies. Les idées réfléchies peuvent *préparer* au bonheur, les *principes* peuvent conduire au bonheur; mais *ne com-*

posent pas le bonheur. Les principes *pris isolément*, ne sont encore qu'un *élément* d'harmonie. Placez les principes de la morale la plus sublime devant l'âme du scélérat, et ils feront son supplice, et non pas son bonheur. Pourquoi? c'est qu'il y aura *dissonnance* entre les *sentimens* du scélérat, et les *idées*, ou principes qu'on lui présente. Pour devenir heureux par des principes vertueux, il faudroit que le cœur du scélérat, vînt à changer, et à se mettre peu-à-peu en accord avec ces idées sublimes : car sans cet *accord* point de bonheur.

Présentez inversement une morale dissolue à un cœur vertueux, et cette morale sera pour lui un objet d'horreur.

Il en est de même des idées non réfléchies. Quelle âme vulgaire est exempte de vanité? Que de femmes se sentiroient heureuses en se voyant parées des plus riches ornemens! Mais donnez à ces femmes le cœur de Phèdre, et elle diront avec Phèdre : — *Que ces vains ornemens, que ces voiles me pèsent!* —Pourquoi? parce que ces ornemens, ces diamans, cet or, ces voiles précieux pèsent à un cœur déchiré. Au lieu de ces vains ornemens, présentez à Phèdre l'image chérie des forêts où elle retrouveroit Hypolite, devenu l'unique harmonie et la seule *paix* de son cœur, et vous la verrez renaître aussitôt, parce que ces idées seront en harmonie avec son cœur.

Changez de supposition : imaginez Hypolite amoureux de Phèdre, et Phèdre indifférente pour Hypolite, et vous verrez l'amour brûlant d'Hypolite peser à Phèdre. Pourquoi ? c'est que *son cœur ayant changé*, ce qui eût fait le suprême bonheur de Phèdre amoureuse, pèse à Phèdre indifférente.

Dans le premier cas, l'harmonie manquoit par les *idées*, dans le second par les *sentimens*. Le bonheur n'est donc ni dans les idées, ni dans les sentimens, mais dans l'harmonie née de ces deux rapports.

§ 2. *Le bonheur n'est pas un état*, puisque nous ne connoissons aucun bonheur parfaitement stable ; il peut se rencontrer dans une situation passagère, que l'on ne peut appeller *état* que par abstraction. C'est ainsi que le mouvement peut être considéré comme l'état d'un corps, non qu'aucun mouvement puisse être stable, mais parce que l'esprit ne considère tel corps, que sous le rapport unique de son mouvement.

Nous n'éprouvons les sensations que par le

mouvement, et nous ne connoissons les *choses*, les *objets* que par le mouvement. De là vient que les *choses*, représentées par les idées, sont pour nous dans un mouvement continuel. D'un autre côté nos propres sentimens arrivent, passent, se succèdent et s'écoulent avec une vîtesse toujours plus ou moins grande, ou plus ou moins rallentie. Comment espérer quelque harmonie parmi tant de rapports variés et mobiles !

Du sentiment confus de tant de rapports *fugitifs* résulte, qu'on ne peut se faire aucune idée d'*un bonheur stable et arrêté* ; en effet, comment supposer de la stabilité dans ce qui ne peut exister que par le mouvement ? On conçoit d'ailleurs qu'en s'arrêtant quelque tems à considérer la même idée, le sentiment correspondant peut venir à changer; ce qui produit à l'instant une dissonnance.

Mais la durée du bonheur est dans son mouvement même. Les lois de la nature sont-elles autre chose que les lois de son mouvement, et j'ajouterois de l'harmonie de son mouvement : car l'idée de *loi* ne suppose-t-elle pas nécessairement l'idée de *rapports ?* Ainsi l'instabilité apparente du bonheur, loin d'être un caractère de fragilité, en assimilant la félicité de l'être sentant aux lois de la nature, semble par là même l'assimiler à la durée de ces lois.

Il y a plus : le bonheur de l'homme n'est que le résultat nécessaire du développement harmonique de ses facultés. Tout ce qui est développement annonce un *avenir*, qui n'est lui-même que l'achèvement des choses non développées. Car en dernière analise l'idée de développement est-elle autre chose sinon l'idée de la permanence des forces de la nature, aperçue sous des formes régulières, mais variées par des apparences mobiles?

§ 3. *Le bonheur consiste dans le sentiment de l'harmonie entre les idées et la sensibilité.* Ayez d'un côté tous les sentimens les plus doux; si les idées ou les sensations (qui sont la représentation des choses,) n'y répondent pas, vous souffrirez dans le sentiment *par les idées.* Soyez privé de sentimens, et ne vivez que d'idées, vous éprouverez un vide affreux, ou vous ne serez pas homme. Vos idées mêmes, dépourvues de tout intérêt, ne seront plus qu'un mouvement inquiétant. Ayez à la fois des sentimens et des idées; tant que ces élémens ne seront pas en harmonie, vous éprouverez ces inquiétudes, qui composent presqu'à elles seules le mouvement de la société. Plus l'opposition entre ces élémens sera grande, plus vous souffrirez; plus au contraire l'harmonie sera complète, et plus vous serez heureux.

Quand je dis que bonheur est un *sentiment*, il faut expliquer ce que j'entends ici par *sentiment*. Le sentiment d'un rapport ne pouvant être, comme le sentiment simple, une sensation du sixième sens, il faut développer cette autre acception du mot sentiment. Je suis ici à la porte de la théorie des sentimens moraux, dont je ne dirai qu'un mot.

Tout *sentiment* lorsqu'il résulte de l'accord de plusieurs sentimens, je l'appelle *harmonie*; on voit que l'harmonie, qui constitue la beauté, n'est pas différente de celle dont on auroit à parler dans la théorie des sentimens moraux.

Nous l'avons dit : l'harmonie excite un sentiment de plaisir, et développe par là même l'activité de l'âme : elle est le sentiment de la vie, c'est-à-dire du développement de l'être sentant.

Ce qui distingue l'harmonie, c'est *son unité dans le multiple*. Tout ce qui entre dans cette unité s'appelle accord, tout ce qui n'y entre pas s'appelle dissonnance. Les phénomènes de l'imagination sont comme à nud dans la musique : tout ce qui en musique entre dans un même son est harmonique, ce qui n'y entre pas est dissonnance (1). La cause de l'harmonie est sans doute dans l'organe; mais le *sentiment* de l'harmonie, on ne peut le concevoir que dans l'âme. L'étendue ne contient que *des parties hors des parties*, et l'unité du multiple ne peut exister dans ce qui suppose essentiellement l'idée de parties.

Tout sentiment qui réunit plusieurs sentimens est harmonique, et donne par là même un sentiment de plaisir. Si j'avois à faire une théorie des sentimens moraux, je dirois, que tout sentiment d'harmonie est agréable, et que tout sentiment qui ne réunit pas le

---

(1) Voyez l'article *unité* dans le Dictionnaire de musique de Rousseau. — « L'harmonie qui devroit étouffer la mélodie, l'anime la renforce, la détermine : *les diverses parties, sans se con-
» fondre, concourent au même effet ; et quoique chacune
» d'elles paroisse avoir son chant propre, de toutes ces parties
» réunies on n'entend sortir qu'un seul et même chant.* C'est
» là ce que j'appelle *unité de mélodie* ».

Je n'ai pas besoin de dire que le mot *harmonie*, que je prends partout dans l'acception la plus générale, n'a pas dans mon ouvrage le même sens qu'il a en musique.

Rousseau définit *l'accord*, « *l'union de plusieurs sons rendus
» à-la-fois, et formant ensemble un tout harmonique* ».

multiple est désagréable. Ce qu'on appelle *sympathie*, je l'appellerois *harmonie*, et ce qu'on appelle *antipathie* je l'appellerois *dissonnance*. Je ferois voir que les sentimens, qui nous plaisent, éveillent l'imagination, et produisent des idées sympathiques, etc.

Je l'ai dit : l'imagination n'a qu'un développement qui est l'harmonie ; comme l'intelligence n'en a qu'un qui est la vérité : l'un tend au *beau*, l'autre au *vrai*. *De l'harmonie du beau avec le vrai naît le bonheur* de l'être sensible et pensant, bonheur qui va croissant avec le développement des rapports qui le constituent.

Pourquoi l'homme borné dans ses vœux est-il si souvent l'homme heureux ? c'est que moins il a de désir, et plus il est aisé de les satisfaire, et d'arriver à ce contentement né de l'harmonie entre les idées et les sentimens.

Le roi de l'univers, l'homme à qui tous les hommes obéiroient, seroit malheureux si son cœur n'étoit pas d'accord avec l'univers qu'il s'est approprié, et qu'il porte pour ainsi dire au dedans de lui-même On peut au contraire être heureux dans un cachot, lorsque les idées, que l'on a, sont une fois arrivées à l'unisson avec le sentiment que l'on y éprouve.

Parler

Parler des idées, c'est parler des choses mêmes, qui ne nous arrivent jamais que par la sensation. Ce que nous appelons *les choses*, c'est-à-dire les *objets extérieurs*, ne nous intéresse et ne peut exister pour nous, que par les sensations que ces choses nous donnent, et par les idées qu'elles placent pour ainsi dire devant notre sensibilité.

Il faut donc, pour devenir heureux, travailler d'un côté à ses sentimens, et de l'autre à ses idées; il faut pincer la harpe mystérieuse de l'âme, de manière à soumettre tous les accens du cœur et de l'esprit aux lois de l'harmonie. L'on voit que l'unité (1) est aussi essentielle en bonheur qu'en musique. Sans cette unité, l'harmonie successive seroit manquée, faute d'un point central, auquel on puisse rattacher les accords. L'on auroit des accords isolés, mais sans unité, sans *motif*, et sans *mélodie*,

---

(1) Le sentiment de l'unité a une grande durée. On peut mettre un an à lire l'Iliade ou l'Odyssée, et à chaque fois que l'on reprend le livre éprouver sans le savoir l'intérêt qui résulte de l'unité. Il en est de même dans la grande Épopée de la vie, où l'unité d'action et d'intérêt répandent un charme perpétuel, qui comme un esprit saint, venu d'en-haut, semble planer sur le chaos de l'existence pour y porter la vie et la lumière, et y verser ces teintes variées et brillantes, nées de l'harmonie universelle, sans laquelle le bonheur ne peut se concevoir.

2. M.

par conséquent sans harmonie et sans bonheur.

Tant que nous ne serons pas les maîtres de la nature, tant que nous ne dominerons pas les objets extérieurs, nous ne rencontrerons au dehors de nous que d'imparfaits rapports avec nous-mêmes. Il faut donc tempérer, changer quelquefois, s'il est possible, les accens de notre cœur, pour les mettre en harmonie avec *les choses*, c'est-à-dire avec les *idées*.

Comme la musique se compose d'une suite d'accords, le bonheur se compose de biens, c'est-à-dire d'une suite de rapports instantanés d'harmonie entre les sentimens et les idées, ou sensations du moment. Le *sentiment* a plusieurs dénominations, tout comme *les idées*. Le sentiment considéré dans son activité sociale s'appelle le *cœur*, et les idées s'appellent *l'esprit*: dans le langage des passions le sentiment s'appelle *désir*, et les *idées* considérées dans leurs rapports avec le désir s'appellent *objet*. Les *idées* prennent le nom de *choses* lorsqu'on les considère sous leur rapport *d'utilité* ou *d'agrément*. Dans ce sens, la *fortune*, les *honneurs* et les *biens* que l'on possède sont des *choses*: on conçoit que les *choses* sont ici comprises sous le nom *d'idées*. Quand Horace disoit :

Non mihi res, sed me rebus submittere conor.

Il vouloit dire qu'il étoit plus aisé d'arranger ses *goûts* d'après les *choses*, c'est-à-dire de former ses sentimens d'après les circonstances, que de refaire l'univers, c'est-à-dire les choses, d'après ses sentimens.

Il y a une action et une réaction perpétuelle entre le désir et les idées ; cette action et réaction est précisément ce qui compose le jeu de l'imagination. Avez-vous touché sur le clavier de l'âme une note du côté de la sensibilité ?. il faut aussitôt en toucher une du côté des idées. Est-ce au contraire une idée que vous avez touché ? qu'aussitôt votre cœur se mette à l'unisson avec elle, ou bien vous souffrirez. *Si j'aime*, toutes mes *idées* vont au devant de mon cœur ; et si je veux faire une spéculation d'avarice ou d'ambition, je change les décorations de mes *idées*, pour être encore en harmonie avec le *sentiment* qui me domine.

§ 4. L'imagination isolée nous sert toujours à merveille ; le sentiment touche toujours précisément les idées qu'il demande, et pince l'accord que l'harmonie exige ; la nature en un mot est parfaite dans ses intentions. Mais plus elle est parfaite *au dedans de nous*, et plus nous trouvons ensuite de discordance entr'elle et les choses, entre *l'idéalité* et *la réalité*. Sans doute que l'homme eût péri dans ce choc entre ce qu'il sent, et ce qu'il rencontre au dehors de lui, si, parmi tant de discordances, il n'eût pas trouvé un *tempérament* propre à modérer ces discordances. Ce *tempérament*, ce sont les *idées générales*, qui, en modérant les impulsions de la sensibilité, instruisent l'homme à marcher de ce mouvement composé, qui est toujours celui de la nature. Ces idées générales, *appelées principes*, tempèrent non-seulement les mouvemens de l'âme, mais elles en changent encore la direction. Les idées générales, en nous faisant voir de plus haut, *nous présentent des choix plus étendus*, que ne l'eût fait la simple sensibilité, qui n'a jamais que le choix du cœur à offrir. Par ce moyen la raison nous fait arriver à des résultats bien éloignés de ceux de l'aveugle sensibilité.

Les grandes disconvenances de l'âme dans les passions sont causées par *l'opposition* des idées *associées*, c'est-à-dire des *opinions* et des *principes*, avec les *sentimens* variés qui nous agitent. Les associations d'idées, toujours formées par quelque sentiment passé, s'opposent au goût du moment présent. Alors la passion dominante se disperse pour ainsi dire en mille mouvemens qui forment des passions *d'accident*. Une personne dont l'amour est en opposition avec les circonstances, espère, craint, désire, veut, ne veut pas, cède, résiste, se repent, est tour-à-tour triste, abattue, gaie, folle ou désespérée. Tous ces sentimens variés froissent l'âme par leur opposition avec nos idées associées, avec nos goûts, nos opinions, nos convenances, nos principes, avec l'opinion publique ou celle de nos amis. Quel bonheur espérer parmi tant de confusion ?

Il est de la nature des idées associées de résister quelque temps au mouvement desassociateur, occasionné par un sentiment opposé. Il arrive souvent que le sentiment joue un air, que les idées associées ne suivent que le lendemain, lorsqu'un mouvement encore différent nous met peut-être dans la triple opposition avec la volonté de la veille, avec celle du jour, et avec la passion fondamentale.

L'imagination, par sa nature, tend sans cesse à mettre nos idées en harmonie avec le sentiment moteur ; c'est là son instinct et le résultat de ses mouvemens libres. Le sentiment intérieur, s'il n'est pas détourné par des souvenirs douloureux, ou par des sensations pénibles, a une admirable habileté à ne toucher que les idées qui sont en harmonie avec lui ; car telle est la loi de l'imagination. L'homme de la nature est toujours gai ; ses rêveries sont celles de la laitière de la Fontaine. Il suffit d'avoir de la santé, et de n'être dominé par rien pour se sentir heureux, c'est-à-dire en paix avec ses idées, et par elles avec tout l'univers. Dans cette situation de l'âme tout est jouissance : une belle matinée, la fleur nouvellement éclose, le chant des oiseaux, le murmure d'une onde fugitive, ou la majesté d'un fleuve azuré ; tout, plus ou moins, enchante un cœur doucement ému. Ce sentiment vif et délicieux d'une existence qui n'est troublée par rien, ce sentiment toujours inconnu des âmes inquiettes, passionnées, ou exagérées a dicté les idylles et les poésies de Gessner, qui ne pouvoient naître que chez une nation simple et libre, dont ces poëmes sont le plus bel éloge. Le moindre sentiment agréable qui vient à toucher une âme paisible et heureuse par elle-même, y fait naître un mouvement de *gaieté*, qui n'est que le sentiment pur de ce bien être, né de l'harmonie du cœur avec l'esprit. Qu'il en coûte à l'âme agitée de feindre cette paix lorsqu'elle n'est plus dans le cœur ! Si ce bien être n'est que physique, il en résulte cette gaieté bruyante, avec laquelle ne peuvent sympathiser que les âmes d'une trempe un peu grossière.

§ 6. La gaieté, qui tient au sentiment est bien plus rare que celle qui ne tient qu'aux organes, elle est riche en harmonie et en bonheur, parce qu'elle est riche en idées et en sentimens. Placée près du cœur, elle fait le charme de la société ; elle appaise les inquiétudes inséparables de la vie ; elle anime les idées, et ne laisse d'autres traces d'elle-même que le bien-être qu'elle a donné.

Cette gaieté aimable ne se trouve parfaite que chez les femmes : elle annonce presque toujours une âme sensible. Pour être aimable par la gaieté il faut cesser de rire lorsqu'on a cessé de *sentir*, comme il faut cesser de parler lorsqu'on n'a plus rien à dire. Le rire qui va au de là de ce qu'on sent, devient grimace.

On peut se faire un habitude de la gaieté ; je voudrois presque en faire un devoir. L'habitude de l'harmonie intérieure de l'âme rend la vie aiséé, et nous fait prendre goût aux plaisirs simples, qui disposent toujours aux bonnes mœurs et à la modération. Mais la gaieté, pour devenir sympathique, doit être accompagnée de beaucoup de mouvement et de beaucoup d'idées, et le rire pour n'être pas déplacé, ne doit jamais se trouver hors des limites du sentiment qui nous fait parler.

Dans la musique et dans la poésie la gaieté a son rythme, et dans la danse et la pantomime elle a son mouvement propre. Elle dispose à la bonté, à la modération, et laisse l'âme dans une liberté de mouvemens qui prépare à la pensée profonde. Les sots la taxent de légèreté ; rien n'est plus faux. N'est-ce pas la nation éminemment gaie qui domine aujourd'hui celles du continent (1) ? Le sérieux cache presque toujours quelque défaut de l'esprit.

§ 7. Les hommes livrés dans leur jeunesse aux plaisirs sensuels, pour avoir suivi de fausses maximes, se trouvent dans un âge avancé avoir presque toujours l'esprit faux et beaucoup

---

(1). Voici le passage d'une lettre écrite de Paris : « L'habitude des François de vivre dans le monde, et l'étude constante qu'ils en font, leur enseigne à saisir l'esprit des hommes qu'ils ont à combattre, et l'esprit de répartie sert à la guerre comme dans les sallons. Ce fut pour avoir deviné l'esprit méthodique des ennemis, que Landrecy, le Quesnoi, Valenciennes et Condé furent sommés à-la-fois, et se rendirent à-la-fois, tandis que les François n'avoient pas des forces suffisantes pour assiéger dans les formes une seule de ces villes. »

de mauvaise humeur. Le bonheur, disent ces malheureux, n'est que l'unité, tandis que les chances pour le malheur sont infinies. Rien de plus faux que cette manière de poser l'état de la question, comme si toutes ces quantités étoient égales entr'elles. Le bonheur a pour lui, comme la santé, les lois de la nature, c'est-à-dire un nombre presqu'infini de chances convergentes, tandis que les exceptions sont des unités divergentes, à la vérité très-nombreuses, mais bien inférieures en nombre aux bonnes chances nées des lois mêmes de la nature.

La morale ne fera de véritables progrès que lorsqu'on aura appliqué à cette science le principe de la division du travail. Il faudroit traiter la morale individuelle, séparée de la morale religieuse, et séparée de nos devoirs envers la société. Ce n'est pas qu'il n'y ait un accord nécessaire entre ces trois rapports. Mais c'est précisément parce qu'il y en a qu'il faut développer ces rapports.

Or le développement de ces trois morales est tellement étendu, qu'on ne peut espérer quelque précision dans les idées qui les composent, que lorsqu'on aura, par la division du travail, mis ces idées à portée de nos efforts.

Fontenelle dans son *discours sur le bonheur* a écrit en quelques pages la meilleure morale individuelle qui existe. Il a eu l'esprit de la séparer de la morale religieuse et sociale, et par cet isolement, ou plutôt par cette abstraction, il a donné à ses idées une clarté et un charme, qui n'appartiennent qu'à lui.

Plus les sciences se perfectionnent et plus leurs parties se séparent, et s'isolent pour développer des rapports nouveaux, dont la lumière se réfléchit ensuite sur les sciences environnantes.

On conçoit que le bonheur le plus vrai, et le plus solide, seroit dans l'accord de tout ce qu'il y a de plus grand dans la pensée avec ce qu'il y a de plus pur dans les sentimens. Cet accord sublime, où se trouveroit-il, si ce n'est dans une religion éclairée ?

CHAPITRE III.

Rapport des passions avec le bonheur.

§ 1. *On a trop loué et trop déprécié les passions.* § 2. *Plus le sentiment est vif plus il est difficile de le mettre en harmonie avec les idées, c'est-à-dire avec les choses.* § 3. *Les plaisirs des sens passent très-vîte en habitude.* § 4. *Les plaisirs sensuels dénaturent le goût.* § 5. *Les sentimens ont en deçà de la jouissance des rapports avec les idées très-différens de ceux qui suivent la jouissance.* § 6. *L'amour des sciences est la plus noble des passions.* § 7. *Quand il faut contenir les passions et quand il faut les cultiver.* § 8. *Pourquoi le bonheur ne sauroit être un état stable.* § 9. *La plus vive jouissance est dans le développement des idées par la sensibilité.*

§ 1. Quelques philosophes ont trop exalté les avantages des passions, et quelques théologiens les ont trop méconnus. Les premiers n'ont vu dans les passions qu'un principe de developpement, sans penser que le plus souvent le mouvement des passions va en sens contraire de la perfectibilité de l'homme. Les grands hommes, dit Helvetius, se sont formés par les passions ; mais pour un grand homme qui réussit, mille petits hommes trouvent dans cette carrière leur avilissement et leur malheur. D'ailleurs il n'est pas prouvé que tous les grands hommes soient devenus tels par leurs passions : Titus et Marc-Aurèle l'étoient moins par leurs passions que par leurs vertus. Les passions ne donnent que le mouvement, mais ce sont les talens et d'autres qualités de l'âme qui donnent les succès, et les succès sans la vertu n'ont jamais produit de grand homme.

D'un autre côté les théologiens ont souvent dénaturé l'homme, faute de le connoître. En outrant les principes ils ont dénaturé les principes, et en ne mettant des bornes à rien, ils ont en sens inverse des philosophes, dévasté la science de l'homme.

Ce qui fait l'âme et le mouvement des passions est un désir vif et prolongé, qui jamais n'est plus fort que lorsqu'il a sa source dans l'organisation. Plus une passion est vive, plus les rapports entre le désir et les idées sont vifs et précis : plus ces rapports sont prolongés, et plus ils acquièrent d'étendue et de profondeur : il en résulte la suprême harmonie et le bonheur suprême. Mais quand nous supposons ce bonheur des passions exister en réalité, nous commettons une erreur d'abstraction.

Plus les rapports *intérieurs*, nés des lois de l'imagination, sont parfaits, et plus la probabilité que ces rapports par leur précision même, soient en discordance avec le monde, avec les choses, avec tout ce qui nous entoure, va croissant. Le mouvement de la vie exige une espèce de vague, qui prévient la violence du choc de ce qui n'est pas nous avec nous-mêmes. Ce vague, nous l'acquérons par les idées générales, et par des principes, presque toujours fondés sur un calcul de probabilités, auquel les passions ne peuvent jamais se soumettre.

La passion est-elle l'amour ou l'amitié? sont-ce vos enfans, vos parens, votre patrie que vous aimez? Il faut que l'objet de vos affections, c'est-à-dire *l'idée* que vous en avez, réponde à tout votre sentiment; et c'est La Bruyère qui a dit, qu'il est difficile d'être parfaitement content de quelqu'un.

§ 3. Plus la passion est violente, plus les rapports du sentiment avec les idées se rétrécissent pour se concentrer. Plus ces rapports deviennent bornés, plus ils prennent d'intensité, et moins les idées générales ont de prise sur eux. Ceci traduit en style vulgaire signifie que plus la passion est vive plus la raison est foible, adage qui n'est rabattu que parce qu'il n'y en a pas de plus vrai.

L'harmonie entre les idées et les sentimens se trouve toujours parfaite dans l'imagination ; et, qui pourroit *rêver la passion* qu'il éprouve jouiroit d'une félicité pure et sans mélange. Mais comme la probabilité du malheur, né de la discordance de la réalité avec l'idéalité, va croissant avec l'intensité et la concentration des passions, il n'arrive que trop souvent, à l'homme heureux par sa passion, d'être réveillé par un coup de foudre.

Les plaisirs des sens ont éminemment un des caractères du bonheur ; celui de présenter les rapports *les plus précis* entre le désir et la jouissance, entre le sentiment et l'idée ou la sensation excitée par le désir. Rien n'est plus approprié à la faim que de manger, à la soif que de boire, etc. Mais plus ces appétits sont décidés dans leurs rapports, plus ces rapports sont *bornés*. Les plaisirs sensuels n'acquièrent quelque prix que lorsqu'ils sont ennoblis par leur mélange avec les idées. Un repas fait avec Anacréon ou Chaulieu auroit des charmes pour toute personne spirituelle et sensible ; et tant que l'avenir n'est pas sacrifié au présent, les plaisirs des sens contribuent réellement au bonheur.

§ 6. Mais ces plaisirs ont des inconvéniens qu'il faut éviter. Répétés, ils passent très-vite en habitude, et alors ils dénaturent complettement l'harmonie dont se compose le bonheur. Ils ruinent à la fois la santé et l'esprit; ils émoussent le corps et l'âme, rétrécissent nos facultés, avilissent le cœur, et finissent par exercer un despotisme cruel et capricieux sur l'esclave rendu incapable de leur résister. Rien de plus triste que l'existence de ces hommes, qui, pour n'avoir voulu jouir que du présent, se voient enfin atteints par cet avenir, qu'ils avoient dédaigné dans leur délire.

§ 7. Chaque état des organes a des besoins et des désirs particuliers, qui produisent des goûts et des idées qui lui sont propres. L'affaissement des organes causé par des jouissances trop répétées, fait naître dans les idées des goûts capricieux. Avez-vous pris trop de nourriture ? vos tristes rêves s'en ressentent, et annoncent déjà un organe froissé. Continuez un mauvais régime, et quelque chose d'analogue à ces rêves passera bientôt dans l'état de veille. La fraîcheur délicieuse de l'imagination se décolorera ; le piquant du désir, au lieu de flatter l'organe, le tourmentera. Dans cet état les rapports si fins, si délicats, dont se compose l'harmonie du bonheur, s'altèrent, se rétrécissent ; l'âme se flétrit, et le plaisir, devenu le tyran de l'âme, en est bientôt le bourreau.

Voyez dans l'histoire des arts la décadence du goût suivre l'affaissement des organes causé par des jouissances excessives. Voyez dans Rome corrompue les tyrans de la terre, devenus, au sein des richesses, incapables des jouissances non-seulement de la pensée, mais encore de l'imagination. Entourés des chefs-d'œuvre de l'art, ils étoient dans l'impuissance de les goûter ; et dans un sérail plein des chef-d'œuvres dont ils avoient dépouillé la terre, l'esclave des plaisirs étoit condamné à l'avilissement des eunuques. Tels sont les résultats de la sensualité, compagne inévitable du despotisme, et de cet état de l'âme où l'homme, avili par ses jouissances, est avili à la fois dans son cœur et dans ses goûts, et flétri dans toute l'étendue de son être dépravé.

Comparez à l'homme sensuel l'homme tempérant et sensible. Moins il est froissé dans ses sens, plus les rapports harmoniques du sentiment avec les idées sont étendus et nombreux. Dans cette situation de l'âme, il sait jouir de tout. La sensibilité exquise de ses organes, semblable au duvet de la pêche qu'aucun attouchement n'a marqué, reçoit les empreintes les plus légères des idées.

La manière douce ou forte, dont le sentiment frappe les *idées* qu'il éveille, n'est point indifférente : rien ne s'émousse aussi promptement que l'imagination. Voyez l'âme du jeune homme encore innocent et sensible. Doucement frappée par le moindre mouvement de la jeune beauté, il croit sentir dans son cœur jusqu'à l'agitation de ses cheveux, et jusqu'au souffle léger, échappé de la bouche qu'il contemple pour la première fois. L'imagination de l'innocence sait embellir l'univers, tandis que l'homme sensuel le flétrit. Une âme pure semblable à l'abeille, ne fait que dérober le miel à la fleur fraîchement éclose, tandis que l'homme sensuel, semblable à l'animal qui broute, ne sait jouir qu'en détruisant.

§ 10. C'est toujours en deçà et jamais au delà du point culminant de la jouissance, que se trouvent les rapports d'harmonie entre le sentiment et les idées, dont résulte avec le bonheur, cette fraîcheur d'imagination capable d'embellir la félicité même.

La sensibilité des idées s'émousse comme celle du toucher : et les grandes passions, à moins d'être morales, paralisent la sensibilité. De l'incapacité de jouir résulte ce vide de l'âme qui suit les passions fortes, et qui n'est que l'hébétation d'un sens émoussé, qui ne peut revivre que pour la douleur. Les idées accoutumées à un sentiment fort, ne sont plus émues par un sentiment foible; et l'imagination de l'homme sensuel, devenue impuissante pour le plaisir, demeure ouverte à toutes les douleurs et de l'âme et du corps. Tout cela annonce des organes blessés, qui, morts pour le plaisir, vivent encore pour la douleur et la peine.

Le plus mauvais résultat des passions qui ne sont plus, c'est l'incapacité d'être heureux qu'elles nous lèguent. L'âme moulée pour ainsi dire dans les rapports uniformes de la passion, a pris l'habitude d'un mouvement et d'une forme adaptés à la passion, et l'on est long-temps condamné à vivre avec son cœur, même après que la vie n'y est plus. Le bonheur paisible au contraire développe la faculté d'être heureux. La paix de l'âme loin d'exclure le mouvement, suppose l'exercice constant de l'activité de l'âme, et c'est toujours son activité même qui fait son repos.

Faut-il donc éteindre toutes les passions ? Bien loin de là, il faut au contraire soigner et cultiver les passions heureuses comme ce qu'il y a de plus précieux pour l'homme. Nous avons vu que les passions se composent de désirs et d'idées éveillées par ces désirs. En réalité elles ne sont que l'imagination même exaltée par un sentiment vif et prolongé.

Déclamer sans distinction contre les passions est une absurdité ; c'est déclamer contre le mouvement et contre la vie même. Il faut dans l'incommensurable étendue de notre être poser des bornes, tracer des sentiers, établir des limites, ôter les ronces et les épines, en un mot défricher, *cultiver* le terrain fécond de notre âme. Loin d'éviter d'être ému, il faut au contraire se préserver de l'indifférence comme de la seule mort à redouter. Ce n'est pas le trépas qu'il faut craindre, mais la mort factice de l'habitude et de l'insensibilité.

On cultive l'esprit et les talens ; je voudrois faire plus, je voudrois cultiver sans cesse la faculté d'aimer. Je voudrois qu'on fût aussi soigneux à enseigner aux enfans à s'aimer, qu'à faire de la musique ou des pas de danse. Je voudrois avec les personnes que j'aime devenir plus aimant chaque jour. On cherche trop à plaire aux indifférens par vanité, et trop peu à plaire mieux à qui nous aime déjà. On oublie que l'attention peut servir au cœur comme à l'esprit. Qu'on commence par avoir les procédés de l'affection pour les personnes qu'on veut aimer, et il est rare qu'on ne réussisse pas à aimer ce qui est digne de l'être.

Suis-je ambitieux ? Loin d'avoir une ambition timide et mesquine, je voudrois l'afficher hautement, et tâcher d'acquérir les vertus de l'état que j'annonce. Est-ce l'argent que je cherche ? je me rendrois habile dans l'art d'en acquérir toujours davantage, et d'en faire sans cesse un usage toujours meilleur. J'ai remarqué que la prétendue modération dans l'état qu'on embrasse étoit feinte, et tenoit à quelque vice de l'esprit, surtout à la médiocrité de sa trempe ou bien à la paresse.

§ 15. Afin de mieux remplir mon cœur, je voudrois dans le sanctuaire de mon âme nourrir sans cesse l'amour de la science, comme le feu sacré de Vesta. La pensée active sert à tout ; elle ennoblit les passions, elle comble les vides, je dirois presque les abîmes de l'âme. Sans rien ôter au cœur elle l'épure, le vivifie, et en le rendant plus éclairé elle le rend plus aimant. Ce n'est que dans les sciences et dans la pensée que l'homme retrouve cet infini, que son agitation et l'instinct de sa nature immortelle semblent chercher sans cesse. La science n'est que le développement de nous-mêmes, et l'immensité de l'univers qu'elle nous fait entrevoir, n'est encore que l'immensité de notre propre nature, qui semble dépasser de toutes parts les bornes de la vie présente.

§ 16. Il faudroit dans sa jeunesse modérer ses passions; il faudroit dans cet âge heureux de l'imagination avoir l'orgueil de ne vivre que pour la pensée, et ne sortir que le moins possible de l'idéalisme sublime du jeune âge. En restant en deçà des sens grossiers tout l'univers devient jouissance, au lieu qu'en éteignant l'illusion dans la réalité des sens, la lumière étendue et brillante du jour se rétrécit, le ciel azuré de l'imagination disparoît, et l'univers n'est plus qu'un nuage pour le cœur détrompé.

Dans un âge plus avancé, je voudrois combattre la vieillesse, en combattant l'indifférence et la tiédeur. En tenant la pensée sans cesse en haleine, on réussit à émouvoir son cœur. La sensibilité toujours vivante ranime à son tour les idées, et l'on retourne ainsi doucement à l'âge de l'imagination, dont la nature nous avoit fait partir d'abord.

Les idées et les sentimens sont durant la vie entière dans un mouvement continuel. Les sensations nous arrivent continuellement, et la sensibilité, si tous les autres sens pouvoient se taire, ne peut cesser d'agir.

Il y a chez l'homme un instinct placé dans l'imagination, qui tend sans cesse à établir l'harmonie entre la pensée toujours mobile et le sentiment plus mobile encore. Il en résulte que le bonheur ne peut être parfait que par accident (1), et pour ainsi dire dans les points d'intersection des deux lignes, qui se rapprochent sans cesse sans se couvrir jamais. Chaque sensation, chaque pensée qui arrive à l'âme a

---

(1) D'où vient que *l'esprit* ne sauroit donner l'idée d'une félicité durable. Pourquoi tous les tableaux d'un bonheur éternel, laissent-ils toujours quelqu'ennui dans l'âme? C'est que *l'esprit*, qui peint *par les idées*, ne peut y ajouter le *sentiment*, sans lequel les idées ne sont rien pour le bonheur. Aucune description n'est capable de donner l'idée d'un bonheur, pas plus qu'un son unique ne peut peindre un accord de musique. Le bonheur n'étant qu'un *rapport*, il faut pour qu'il soit senti, que *tout* ce qui compose ce rapport s'y retrouve.

aussitôt des rapports à établir avec le sentiment qu'elle y rencontre ; et chaque sentiment et chaque nuance de sensibilité qui vient à naître, va aussitôt travailler sur les idées, qu'elle trouve placées dans la mémoire, afin de se mettre en harmonie avec elles.

On ne peut pas méconnoître l'intention de la nature de nous rendre heureux. Son agent c'est l'imagination, dont les lois annoncent l'intention de la Bonté suprême, qui semble nous donner en elles le gage d'une félicité future.

L'intensité du bonheur est en raison *de la perfection de l'accord du sentiment avec l'idée :* l'étendue du bonheur est en raison composée de la durée de l'accord, de l'intensité du sentiment, et du nombre des idées que ce sentiment sait mettre en affinité avec lui-même.

Toute jouissance, celle de boire par exemple lorsque la soif est grande, est une jouissance *parfaite* qui ne laisse *rien à désirer* après elle ; mais elle est presque nulle en étendue, parce qu'elle ne se compose que d'un accord unique. Augmentez les idées, et les accords deviendront nombreux ; augmentez l'intensité du sentiment, et l'intensité de l'harmonie sera plus grande encore. Au lieu de la soif placez l'amour dans l'âme, et le sentiment s'agrandira aussitôt. A la jouissance unique de l'amour sensuel, substituez toutes celles que les idées, l'esprit, et mille sentimens accessoires, d'estime, l'amitié, l'admiration peuvent donner, et le sentiment du bonheur s'élevera à chaque idée, et à chaque nuance de sensibilité qui arrivera à l'âme.

Il y a donc dans la science du bonheur trois rapports à considérer : 1.° le sentiment, 2°. les idées, 3.° l'harmonie du sentiment avec les idées. Sans le sentiment point de bonheur; sans les idées de préférence de ce sentiment point de bonheur; et sans harmonie entre les idées et le sentiment, point de bonheur encore.

Le *malheur positif* est dans la discordance entre les idées et le sentiment, entre la situation où nous nous trouvons, et notre caractère, nos goûts, nos passions, en un mot ce que j'appelle *sentiment*. L'absence du sentiment n'est donc qu'un malheur *négatif*. L'absence des idées avec la présence du sentiment, peut être *négative*, mais le plus souvent il y a dans cet état une inquiétude, et une nullité incompatibles avec le bonheur. Moins il y a d'idées et de sensibilité et moins il y a de chance de bonheur et de malheur; plus il y a d'idées et de sentimens, et plus les chances de bien et de mal vont croissant.

J'entends déjà dire : si tout cela est vrai, il est donc plus sage de jouer petit jeu, et de retrancher partout de nos idées et de notre sensibilité. Vous avez raison, si réellement vous êtes doué de petits moyens. Etes-vous borné dans l'esprit et d'un cœur étroit ? jouez votre jeu. Etes-vous au contraire doué d'idées et de sensibilité, *épuisez mais dirigez l'activité de l'âme*, ou bien vous serez tôt ou tard puni par l'esprit ou par le cœur. La sensibilité surabondante, si elle n'est pas employée par l'imagination à produire des idées, sera toute employée à faire naître les passions. Moins on aura d'idées plus ces passions seront sensuelles et impérieuses.

Si l'on pouvoit concevoir les idées sans sensibilité, ces idées privées des mouvemens de l'imagination, ne seroient susceptibles que des mouvemens de l'intelligence. Il en résulteroit des hommes à abstractions, tellement insensibles à l'amour de la gloire et de l'humanité, qu'on a peine à concevoir où ils trouveroient des *motifs* pour arriver à quelque élévation dans leurs science. Dans la vie ordinaire ces hommes seroient des espèces d'imbécilles.

Cultiver ses idées c'est déjà cultiver son cœur. Nous avons vu que le plus souvent les idées étoient associées par la sensibilité : la sensibilité est à son tour formée par les idées, et l'imagination n'est pas moins active à mettre les idées en rapport avec le sentiment, qu'elle ne l'est à mettre le sentiment en rapport avec les idées.

Il y a un grand plaisir attaché au développement des idées, lorsque ce développement se fait par la sensibilité. Car ce développement n'est que l'action de la sensibilité sur les idées, c'est le travail du sentiment moteur, qui se met en harmonie avec la pensée, c'est le mouvement de la vie, le développement de l'âme, qui par conséquent donne le sentiment du bonheur le plus parfait.

§ 21. On sent, que dans cette action et réaction croissante, que l'on observe dans le jeu de l'imagination, il y a un développement réel, et une activité croissante. La vie semble s'étendre pour l'homme heureux par le développement harmonique des facultés de son âme. Le bonheur donne le bonheur, et l'activité éveille l'activité, comme le malheur appelle le malheur et l'abattement produit l'abattement, en privant l'homme à la fois et du courage qui résiste au malheur et de la lumière qui fait qu'on l'évite. Le jeu de l'imagination, sa tendance à agrandir la vie, semble prouver qu'il y a dans l'imagination un principe inné de développement.

Il n'y en a pas moins dans les progrès de l'intelligence : l'amour inné de la science, l'insatiable désir de connoître, et d'élargir de toutes parts l'horizon des idées, annonce aussi un principe de développement, qui, combiné à propos avec celui de l'imagination, semble être le véritable principe du développement de l'homme tout entier.

Que de développemens possibles dans nos idées! que de choses cachées et enveloppées dans la pensée éclose de cette sensation qui à peine a le temps de naître dans cette vie! Que d'impressions de sensibilité qui ont laissé des traces dans l'âme, sans être jamais arrivées au sentiment du moi et à ce qu'on appelle la conscience du moi!

Sera-ce dans le néant que j'irois placer ces innombrables rapports, qui ne sont jamais aperçus que par l'homme voué tout entier à la connoissance de soi-même. Il en est de la véritable philosophie comme de l'astronomie: sans les astronomes le peuple n'eût vu dans les astres, que de petits lumignons attachés à une voûte solide. Que de conquêtes faites par Herschel et ses semblables ! Que l'univers si petit aux regards stupides de l'ignorance est devenu grand auprès du ciel étroit de l'imagination ! Il en est de même de l'univers moral, il n'est petit qu'aux yeux de l'ignorance ; son immensité est réservée à la connoissance des âges futurs, et à la croyance, si sublime à la fois et si vraie, de la grandeur et de l'immensité de la nature.

§ 21. Le développement qui se fait directement dans les idées par l'intelligence, a des charmes d'une autre nature que ceux du développement de l'imagination. La sensibilité n'est jamais étrangère à l'attention, et il semble que l'action de l'intelligence ne soit encore qu'un développement plus fin de l'être pensant, et, par conséquent, la source d'un bonheur encore plus relevé que n'est celui de la faculté de sentir.

De là vient, que, plus on sent, plus on pense, c'est-à-dire, plus on développe sa pensée. Ce développement n'est que l'action de la sensibilité, qui se met plus particulièrement en rapport avec telle portion de l'idée qu'avec telle autre, et qui par là développe des rapports dans ces idées, et fait naître par eux de nouvelles nuances dans le sentiment, qui influent à leur tour et sur la faculté de connoître, et sur celle de sentir. Cette action et réaction des idées sur la sensibilité, et de la sensibilité sur les idées, qui constitue le jeu de l'imagination, opère donc à la fois le développement de l'âme, et le bonheur de l'être sensible, doucement affecté par l'harmonie perpétuelle qu'il éprouve entre ce qu'il sent et ce qu'il pense.

Voyez cette jeune amante; elle est rêveuse; c'est qu'elle aime pour la première fois. Ses idées se mettent partout en rapport avec ce que son cœur éprouve. C'est le chaos et les ombres qui se dissipent au lever du premier soleil. Voyez ce jeune homme inspiré par l'amour des sciences ; si son cœur vient à s'éveiller il trouvera dans son esprit des rapports lumineux, formés par la méditation et l'étude. S'est-il occupé de l'homme et de ses rapports? a-t-il senti cet amour brûlant de l'humanité qui annonce une âme supérieure? il éprouvera bientôt cet accord, émané de *l'harmonie entre ce qu'il sent, ce qu'il pense, et ce qu'il fait,* accord sublime dont résulte *le bonheur de la vertu.* Cet accord fondé sur les grandes lois de l'ordre social, semble se rattacher par elles à toutes les lois, et associer la félicité, émanée de l'harmonie, à la stabilité des lois mêmes de l'univers.

CHAPITRE IV.

De la manière de juger le bonheur d'autrui.

§ 1. *L'imagination a sa logique particulière* § 2. *Nous jugeons du bonheur des autres par notre propre sentiment.* § 3. *Il y a attraction et répulsion entre les sentimens.* § 4. *La désassociation du plaisir avec le moi est le principe de l'envie, de la jalousie, etc.* § 5. *Rien de plus multiple que ce qu'on appelle l'état ou la condition d'une personne.* § 6. *L'apparence du bonheur varie selon le point de vue du spectateur.* § 7. *Le bonheur n'étant qu'un rapport ne peut exister dans les choses.*

§ 1. Nous n'avons encore que la logique de l'intelligence, qui ne s'applique qu'à la moitié de notre être. La manière de procéder de la faculté de sentir est peu connue, et sans doute bien différente de la manière de procéder de la faculté de connoître.

Le *jugement*, dit-on, est la perception des rapports qu'il y a entre deux ou plusieurs choses (1). Mais si c'est le bonheur d'autrui

---

(1) Essai analitique de Bonnet, § 284.

que nous jugeons, si c'est *le sentiment*, et non *l'idée*, que l'on compare, comment ce jugement qui n'a point *des choses*, *des idées* pour objet pourra-t-il s'opérer? Je puis juger mes propres idées, et ne puis juger celles des autres que dans les miennes. Sous ce rapport il y a parité entre juger le sentiment d'autrui, et juger les idées d'autrui ; l'un et l'autre ne se manifestant que par des signes.

Mais voici la différence : le sentiment a une *marche* différente de celle de l'intelligence. Le sentiment éveille les idées par les affinités naturelles, que ces idées ont avec lui; l'intelligence au contraire développe les rapports contenus dans les idées mêmes. Voyons les faits, et venons au sujet de ce chapitre.

Le bonheur suppose trois données : il suppose 1.° les idées, 2.° le sentiment, 3.° l'harmonie entre les idées et le sentiment. Or ces trois choses ont des signes différens. Le sentiment a pour signe direct l'intonation de la voix, le mouvement de la parole, l'expression de la physionomie, et les actions passionnées.

Les idées ont pour signe le langage : et le bonheur (ou l'harmonie) a des signes encore peu connus. Fontenelle dans son excellent *Discours sur le bonheur,* dit que l'on reconnoît

l'homme

l'homme heureux à une espèce d'*immobilité* née du désir de ne pas sortir de son état.

Qu'un calculateur évalue le peu de probabilité qu'il y a de rencontrer la combinaison précise de trois données, dont chacune est indéfiniment multiple et presque toujours inconnue. Il faudroit, pour juger du bonheur d'autrui, rencontrer avec notre sentiment précisément le sentiment que l'on prétend juger, trouver par nos idées les idées qui dans autrui correspondent à ce sentiment, et éprouver à la fois toutes les harmonies partielles, avec toutes les intensités relatives, dont se compose le bonheur, que nous voulons apprécier.

On voit donc qu'il n'y a rien de moins probable, je dirois presque de moins possible, que de bien juger du bonheur des autres, et de rencontrer juste parmi des chances presqu'infinies de manquer la vérité. Nous pouvons juger du bonheur d'autrui, en appréciant les signes, que j'ai dit marquer les données dont il se compose ; et établir nos raisonnemens sur ces signes comme sur tout autre objet. Mais ce n'est pas de la sorte que nous jugeons dans cette matière; c'est le plus souvent par le sentiment et non par la raison que nous prononçons sur le bonheur ou sur le malheur des autres.

§ 2. *Juger du bonheur d'autrui par le sentiment*, c'est placer notre sentiment dans autrui. L'homme de peine, qui passe sa vie à trouver les moyens de vivre, est toujours disposé à admirer le bonheur des hommes, qui possèdent mille et mille fois ce que lui-même désire, et ce qu'il cherche à obtenir par le pénible labeur de sa vie entière. En prêtant son sentiment à l'homme riche, il lui prête *son désir*; mais ce désir, né de la pauvreté, ne pouvant exister chez l'homme riche, le pauvre se trouve avoir mal jugé de la félicité de l'homme opulent.

Ce que l'on comprend le moins, en sortant d'un repas, c'est la faim. De là la dureté de cœur des riches, qui a son principe dans l'impossibilité de sympathiser avec les besoins et les désirs de l'indigence, avec la faim, la soif, le besoin de repos, et de quelqu'avenir tranquille.

Plus les richesses s'accumulent, et plus la sympathie entre la classe qui a tout et celle qui n'a rien, diminue, plus le cœur s'endurcit et plus une nation se corrompt et se dissout dans ses liens sociaux. Il en est de même du sentiment de la puissance. Celui qui peut tout ne sent l'impuissance d'autrui que dans l'avilissement d'autrui : si son âme est vulgaire, au lieu d'élever tout à lui, il ne se plaira qu'à humilier tout ce qui n'est pas lui-même.

§ 3. Il y a dans la sympathie une ligne en deçà de laquelle on se plaît dans le bonheur des autres, et au-delà de laquelle ce bonheur nous est odieux. C'est dans ce dernier hémisphère qu'habitent l'envie, la dureté du cœur, l'inhumanité, avec tous les tourmens que les passions haineuses nous font éprouver.

Le sentiment, qui nous fait sympathiser avec le bonheur des autres, c'est l'amour de l'humanité, qui n'est que le sentiment de notre propre *moi*, attaché à l'idée d'autrui. C'est ce sentiment qui nous identifie avec ce qui n'est pas nous, et devient par là le premier élément des vertus sociales.

L'envie, la jalousie et toutes les passions haineuses ont un ressort, qui dévoile un principe de psychologie de la plus haute importance dans la théorie des sentimens moraux. C'est que rien n'est plus en affinité avec le *moi*, que le sentiment du plaisir : s'il arrive qu'un sentiment de plaisir se mette *en opposition* avec le *moi*, tout notre être en est troublé.

Les passions les plus violentes et les plus

douloureuses, la *jalousie* et *l'envie*, ont leur source dans le sentiment d'un bien, mis en opposition avec notre *moi*. J'aime, je suis aimé : que de rapports nombreux font naître dans mon âme la douce harmonie des sentimens et des idées dont se compose mon bonheur ! Tous les plaisirs de l'amour, et toutes les idées brillantes de félicité vont rayonner dans le *moi* comme dans leur foyer naturel. Tout-à-coup je découvre un rival, et un rival heureux ; alors les sentimens de mes plaisirs nombreux *se détachent de mon moi* pour aller rayonner dans un foyer étranger, qui incendie douloureusement toute l'étendue de mon être. Ce n'est plus moi qui jouis, c'est mon rival ; mes souvenirs les plus chers se séparent violemment de moi, pour aller se réunir à l'idée de tout ce que je déteste le plus.

L'envie n'a pas d'autre principe que la jalousie en amour. Dans l'envie le bien d'autrui, au lieu d'être en harmonie avec le *moi sympathisant*, s'en détache pour devenir le tourment de ce *moi*, qui avec de la bienveillance eût joui de tous les biens qui font maintenant son supplice (1). Ce qui constitue la

---

(1) Chose singulière ! la crainte populaire de la mort n'a pas

base de l'envie, c'est un sentiment d'impuissance et de nullité qui fait que tout ce qui suppose quelque effort ou quelque distinction, devient *étranger* à nous-mêmes. De là vient qu'on ne devient envieux qu'au-delà de cette ligne de l'opinion, qu'on se trouve avoir de sa propre puissance et de ses propres moyens.

C'est donc l'idée du plaisir, *réunie ou détachée du moi*, qui décide de la haine ou de l'amour, de la bienveillance ou de l'envie, je dirois presque des vertus ou des vices du cœur. L'on voit que c'est par le sentiment vraiment divin d'une bienveillance universelle, que nous devenons copropriétaires de tous les biens de l'humanité, dignes de jouir également et des pleurs qu'on essuie et des biens qu'on partage.

La haine aussi a son désir; ce désir est toujours opposé à celui de la bienveillance et de l'amour. Ce principe simple est riche en applications. Règle générale : *tout désir tend à exagérer*, c'est-à-dire à placer le plus

---

un autre principe. En pensant à mon corps inanimé, j'y place encore mon *moi* avec tout l'attirail de la vie; je *me sens enterré vivant*, et j'éprouve tous les supplices de la destruction. De là tant de superstitions populaires, tant de soins dans la manière d'enterrer les morts, suivant l'idée que les peuples se sont formée du trépas.

d'idées qu'il peut en rapport avec lui-même, sans aucun égard à la réalité de ces rapports. Je souhaite du bien à quelqu'un ; il en arrive que *je le crois* aisément heureux, puisque je le désire tel. Je crois au contraire aisément au malheur de *la personne que je n'aime pas*. Mais si je crains pour quelqu'un, alors je croirai toujours *trop malheureux* celui que j'aime, et toujours trop heureux celui que je n'aime pas, et j'exagérerai en plus ou en moins. L'homme que j'aime ne sera jamais à mon gré assez heureux si j'ai raison *de craindre* pour son bonheur, et si je crois avoir à redouter la personne que je n'aime pas, je ne la croirai jamais assez abaissée. C'est toujours dans le *moi*, modifié par quelque sentiment, qu'il faut chercher le principe de répulsion ou d'attraction des idées qu'on nous présente.

Horace dans sa première satyre dit, que, le plus souvent, les hommes sont mécontents de leur condition, et voudroient en changer. « Le commerçant, quand les flots menacent » son bien et sa personne, s'écrie : que ne » suis-je ce guerrier dont le sort se décide » en un jour ! Que ses peines sont légères » auprès de celles que j'endure ? Il se bat, » et un moment décide de sa vie ou d'une

» heureuse victoire. Le paysan envie le sort
» de l'avocat, et l'avocat réveillé avant le
» chant du coq par son client, ne voit de
» félicité que dans la vie tranquille de l'homme
» qui cultive ses champs. » Chaque état a ses
peines, et chaque peine a son vœu et son
désir. Ce désir est toujours ce que la peine
qu'on éprouve n'est pas, et, tout ce qui n'est
pas ce que l'on souffre, paroît *désirable* par
la seule raison de n'être point la peine qu'on
éprouve. Mais le moment présent passé, les
idées ou le sentiment changés ou altérés, nos
vœux ne sont déjà plus les mêmes.

Horace continue : « Eh bien ! dit le bon
» Jupiter ; vous, marchand, vous allez être
» guerrier ; et vous, avocat, vous serez la-
» boureur. Voyez ces fous, déjà ils refusent
» ce qu'ils m'ont demandé avec tant d'ins-
» tance. »

L'on voit par cet apologue que le jugement
que les hommes portent du bonheur d'autrui,
est presque toujours relatif à ce qu'ils éprouvent *dans le moment présent;* qu'il est différent, lorsque c'est le sentiment du moment,
ou bien la réflexion qui parle. Ce jugement
est variable comme nous-mêmes, comme nos
idées, nos sentimens, nos vœux, nos désirs,

nos fantaisies et nos caprices. Les organes froissés dans un sens, désirent un sens et un mouvement opposé, c'est-à-dire un *contraste* avec ce qu'ils éprouvent.

Nos jugemens sur le bonheur d'autrui ont pour élémens 1.° notre propre sentiment, 2.° l'attraction ou la répulsion que ce sentiment éprouve pour la personne dont on juge le bonheur, 3.° les *idées*, que nous nous formons du bonheur d'autrui, sont les idées excitées dans nous-mêmes par notre propre sentiment. 4.° Chaque nuance de réflexion fait varier tous ces nombreux rapports, soit en dénaturant le sentiment moteur, soit en changeant l'affinité des idées par quelqu'influence sur le sentiment, soit en développant dans les idées mêmes des rapports inaperçus.

Le marchand, l'avocat, le soldat, dont Horace parle, en invoquant Jupiter, ont jugé d'après leur *sentiment* du *moment;* ils ont refusé ensuite ce qu'ils venoient d'obtenir du père des Dieux, parce qu'ils ont substitué à leur sentiment quelque réflexion ; ce qui a aussitôt produit un résultat nouveau.

Quand Orgon, en parlant du Tartuffe, qui avoit bien soupé et bien dormi, ajoute, le le *pauvre homme!* c'est que son admiration pour ce personnage, fait qu'il ne trouve rien *d'assez bon pour lui,* tandis que la soubrette qui hait Tartuffe, trouve que ce fourbe *est toujours trop heureux.* C'est ainsi que nous jugeons le sentiment par le sentiment, et que nous prononçons sur le bonheur d'après le principe d'affinité ou de répulsion, que nous avons pour l'idée de la personne que nous jugeons.

Ainsi nous ne *jugeons* pas le bonheur d'autrui, mais nous *sentons* le bonheur d'autrui dans ce que notre sentiment pour la personne à juger nous inspire.

§ 3. Ce qu'on appelle *état, situation, condition,* est une chose infiniment multiple. Je puis être riche de cent mille manières, c'est-à-dire que la richesse peut éveiller chez moi cent mille idées ou sensations, toutes en rapport différent avec les différens sentimens qui m'animent, et de ces données si variables résulteront cent mille manières d'être heureux ou malheureux par les mêmes richesses. De ces cent mille facettes, que nous présente la condition d'autrui, nous n'en sentons d'ordinaire qu'une, et sur cette facette unique nous jugeons le tout d'après notre haine ou notre amour, notre bienveillance ou notre envie, avec une légèreté qui ne nous étonne pas assez.

§ 4. On voit que le bonheur se compose de tant d'élémens délicats, mobiles, plus ou moins brillans, de tant d'harmonies ou de discordances fines, volatiles, et presqu'imperceptibles, qui changent avec rapidité suivant les idées et les intensités de ces idées, suivant le sentiment qui se renforce ou s'affoiblit; le bonheur est tellement influencé par les sensations extérieures, par les objets qui nous arrivent de toutes parts, que cette chose tant cherchée, ce bonheur, tant de fois dépeint, n'a encore aucune couleur fixe à nos yeux, si ce n'est celle d'une espèce de chatoiement, où les nuances varient sans cesse selon le moment, ou le point de vue que nous en avons pu saisir.

§ 14. Quand nous considérons le bonheur à distance, nous en faisons quelque chose de fixe, et de solide que nous appelons un *but*, auquel nous disons que tous les hommes tendent. Cette fausse image provient d'une erreur d'abstraction. Le bonheur, qui n'est qu'un rapport harmonique entre l'idée et le sentiment, ne peut jamais sortir de ce rapport, encore moins aller se fixer comme un but placé hors des sentimens et des idées. Si le clavier de notre âme étoit moins étendu, je dirai presque moins infini, et nos forces moins bornées, l'on pourroit, ce semble, apprendre à être heureux, en apprenant à toucher précisément les idées, qui sont en harmonie avec le sentiment du moment. Mais cela ne se peut pas à cause du nombre prodigieux et de la mobilité des touches, et surtout parce que nous ne sommes pas les seuls à les faire mouvoir.

Je termine ici ce sujet dont la suite est du ressort de la morale. Rendre son cœur plus aimant, et son esprit plus éclairé, est le moyen le plus infaillible de devenir heureux. Ce besoin de bonheur, qui ne peut jamais cesser, est la voix de la nature qui nous appelle à un développement plus étendu, et à une félicité croissante par ce développement même.

CHAPITRE V.

De l'amour-propre.

§ 1. *Les mouvemens de l'imagination éveillent l'intelligence.* § 2. *Ce que c'est que l'amour-propre.*

§ 1. L'on voit donc que l'organe immédiat du bonheur c'est l'imagination. C'est elle qui, douée d'un heureux instinct, sait trouver à chaque sentiment précisément l'idée qui est en rapport avec lui, et, sans l'influence des objets extérieurs, le bonheur de l'homme eût été parfait. Mais il falloit cette influence pour donner l'éveil à la pensée, il falloit cette inquiétude, née des besoins de la sensibilité, pour développer tout notre être. Si nous ne sommes pas toujours heureux, c'est que nous sommes appelés à une félicité d'un ordre plus relevé, que celle que des fragiles organes eussent pu nous donner : et l'intelligence, qui nous enseigne une autre route que celle de la sensibilité, nous indique déjà une autre destinée que celle de l'automate.

L'amour du bonheur ou *l'amour de nous-mêmes*, appelé amour-propre, n'est encore que l'imagination émue par cette sensibilité qui *aime*, recherche, et éveille précisément les idées qui sont en rapport avec elle ; ainsi le véritable principe moteur de l'amour-propre est le principe de l'affinité des sentimens avec les idées, qui appartient à l'imagination.

Les phénomènes de l'amour-propre le prouvent. Quels sont-ils? si ce n'est d'aimer ou de haïr, d'attirer ou de repousser, de chercher ou de fuir *les idées et les choses qui plaisent ou déplaisent.*

Mais l'amour et la haine supposent un objet, (une idée) qu'on aime ou qu'on hait, et un *sentiment* qui fait qu'on attire ou qu'on repousse cet objet : tout cela se retrouve dans l'imagination, qui *suivant le sentiment qui l'anime*, préfère ou rejette une chose (une idée) et produit ainsi tous les phénomènes de l'amour-propre.

L'amour-propre, et l'amour du bonheur ont donc aussi un même principe d'attraction ou de répulsion pour tel ou tel objet, selon que cet objet se trouve en *accord* ou en *dissonnance* avec le sentiment. Telles sont les lois de l'être purement sentant.

Mais lorsqu'il est question de *déterminer la volonté*, et de s'élever à l'intelligence, il n'est plus permis à l'être pensant de n'agir que par l'imagination.

Demander si l'homme est nécessairement déterminé par son intérêt, c'est demander s'il est nécessairement déterminé par les lois de l'imagination ; car par *intérêt* on ne peut entendre que ce principe d'attraction ou de répulsion qui, toujours déterminé par la sensibilité immédiate, ne suit que les lois de la sensibilité ! Or, nous avons vu, que l'être intelligent et libre possédoit la faculté de se déterminer par les lois de la raison et de l'intelligence, même contre sa sensibilité.

L'intelligence *conduit* au bonheur, mais ne *donne* pas le bonheur. Le bonheur est un *sentiment*, et comme tel étranger à l'intelligence.

Le bienfait de l'intelligence est de donner *un choix plus étendu*, et par là même plus sûr, mais tous ces choix ne se composent que d'élémens de sensibilité. La sensibilité ne voit dans le tems que le moment présent, et dans l'espace que le point qu'elle désire, tandis que l'intelligence embrasse également et le tems et l'espace, et présente ce qui est successif, comme simultané.

Le résultat de l'intelligence est toujours *le bonheur le plus grand* dont l'être intelligent soit susceptible. La *raison* est une espèce de chimie, qui séparant les élémens du bien et du mal, pour les recomposer ensuite, présente le bien le plus pur, que puisse comporter l'être destiné à vivre dans le tems et l'espace.

On voit que la question : si l'homme est nécessairement déterminé par son intérêt, présente maintenant deux questions différentes.

Demander si la volonté de l'homme est nécessairement déterminée *par* son intérêt, c'est demander si l'homme est nécessairement déterminé par l'imagination. A cette question je réponds : que l'homme peut et doit être déterminé par la *raison*, et jamais par l'imagination, c'est-à-dire par la sensibilité.

Mais si l'on demande : si l'intérêt est le *mobile* des actions humaines, je dirai : que le désir du bonheur étant inhérent à la nature humaine, l'homme ne peut agir qu'en vertu de son bonheur. On voit que le bonheur qu'il *doit* recherche n'est pas le *choix immédiat* de son sentiment du moment, mais le choix étendu de sa raison : c'est toujours le bonheur qu'on désire, mais ce bonheur, né de la sensibilité, est toujours préparé et offert par la raison.

Le premier mobile des actions humaines est le désir du bonheur, mais *la route* pour y arriver est la raison; et c'est parce que l'être sensible aime le bonheur, qu'il ne se détermine pas d'après le sentiment du moment présent, mais d'après celui de tous les momens.

C'est toujours le ressort qui fait aller la montre; mais c'est le régulateur qui fait qu'elle marque les heures : c'est ainsi que l'amour du bonheur fait aller en avant, mais c'est la raison qui fait qu'on arrive *au but*, qui est le bonheur le plus parfait dont nos facultés naissantes nous rendent susceptibles.

CHAPITRE VI.

CHAPITRE VI.

L'harmonie qui constitue le bonheur suppose l'immatérialité de l'âme.

§ 1. *Pourquoi il faut supposer une substance spirituelle !* § 2. *L'union des deux substances contient les rapports de cause à effet.* § 3. *La pensée domine la matière.* § 4. *La pensée ne peut être dans la matière.*

§ 1. JE ne doute pas que l'on ne vienne à découvrir un jour des rapports physiques entre les organes des sentimens, et les organes des idées. Plus ces rapports, que je suppose exister dans leur mouvement, seroient précis, plus ils excluroient *ce qui n'est pas ces rapports*, je veux dire les phénomènes correspondans que j'attribue à l'âme, parce que je ne puis les attribuer à aucune autre substance. Les organes donnent le mouvement, mais l'âme seule est capable de *sentir* l'unité dans le multiple, dont se compose l'harmonie; l'âme seule jouit ou souffre; elle seule est capable de bonheur. Sentiment, idée, harmonie, bonheur, et tous ces êtres divers qui, aussi bien que la matière peuplent l'espace de la vie, supposent *une chose* à laquelle ils appartiennent, et sans laquelle je ne puis les concevoir, et ce *quelque chose d'inconnu*, je l'appelle *substance spirituelle*, *âme*.

L'idée d'une substance pensante est-elle autre chose qu'une conception née de cette nécessité d'un centre de rapport, sans lequel je ne puis concevoir les phénomènes nombreux de l'âme ? Nier l'existence de la substance matérielle, ce seroit détruire la possibilité de concevoir *l'idée* de la matière ; ce seroit aller contre un fait qui est *la présence de cette idée*. Il en est de même de l'âme ; nier une substance pensante c'est nier la pensée même, puisque *la substance* n'est que ce *qui me rend l'idée de la pensée, du sentiment, et de tous les phénomènes de l'âme, possible et concevable*.

§ 2. L'union de deux substances ne m'étonne pas davantage que l'action combinée de toutes les forces de la nature, où il faut, pour produire un *effet*, supposer encore une espèce d'union. Et cette union, dont résulte *l'effet*, est-elle autre chose qu'une *réciprocité d'action*, c'est-à-dire ce que nous voyons partout? Le merveilleux de l'union de l'âme et du corps seroit-il donc dans la *permanence* et dans les lois de cette union ? Mais la nature entière est-elle autre chose, qu'ordre, rapports, loi et permanence ?

§ 3. Les phénomènes si évidens de l'âme, leur parfaite correspondance avec les phénomènes matériels de l'automate, laissent entrevoir la possibilité d'une existence de *quelque chose* de supérieur à la matière, qui imprime à la matière cet *ordre*, qui seul en constitue l'excellence. Il me semble que c'est dans le *moi* infaillible, et dans le sanctuaire de l'âme, qu'il m'est donné d'entrevoir et de présager l'existence d'une *intelligence ordonnatrice*, suprême législatrice de l'univers.

Les mouvemens les plus savamment combinés sont-ils autre chose que des mouvemens simples, très-multipliés ? Et si le mouvement simple ne peut expliquer la pensée, le mouvement simple accumulé l'expliquera-t-il mieux ?

§ 4. Il y a une erreur qui semble innée dans l'homme ; celle de placer la sensation *dans l'objet* de la sensation. Qui, parmi le peuple a jamais douté que le feu ou le soleil ne fussent chauds, et que ce ne soit pas la glace qui est froide ? L'opinion de placer le sentiment et la pensée dans les organes qui nous donnent le sentiment et la pensée, ne seroit-elle pas un reste de cette erreur populaire, souvent plus tenace chez le philosophe, qui raisonne, que chez le peuple, chez lequel les erreurs n'ont d'autres racines que l'habitude?

J'aime à placer la sensibilité et la pensée au nombre des élémens de l'existence; et si le pays de l'ignorance est si vaste, pourquoi peupler ses ténèbres de phantômes funestes, que l'esprit désavoue et que le cœur rejette, plutôt que de l'embellir d'opinions conformes à la raison et au vœu universel de tout ce qui sent, de tout ce qui pense, et de tout ce qui désire?

Ne diroit-on pas que, ce que nous appelons *matière*, nous est parfaitement connu? Et parce que nous voyons des changemens autour de nous, s'ensuit-il que ce soit la mort et non la vie qui s'agite dans l'univers? s'ensuit-il que tout ce qui passe devant le champ étroit de quelques organes, soit pour ainsi dire, sur la route du passé plutôt que sur celle de l'avenir? Les hommes de tous les systèmes conviennent du moins de l'ignorance de l'homme, et de la nullité de ce qu'on connoît auprès l'immensité de la nature. Je ne sais pourquoi l'on se plaît quelquefois à ne placer que la mort derrière la toile abaissée devant l'inconnu, et à ne voir que le néant dans l'univers de l'existence.

CHAPITRE VII.

Influence de la raison sur le bonheur.

§ 1. *Nécessité de la raison.* § 2. *Ses avantages.* § 3. *Elle calme les mouvemens de la sensibilité.* § 4. *Avantage des idées générales.* § 5. *Les principes seuls donnent de l'unité à la vie.* § 6. *Harmonie dans le monde moral.* § 7. *Harmonie universelle.*

§ 1. On sent combien il est nécessaire que, parmi tant de mouvemens opposés de l'âme il y ait quelque part un régulateur et un principe d'ordre, qui guérisse de ce roulis continuel de l'imagination, qui nous rend incapables d'aucune jouissance réelle. Le gouvernail du navire quel seroit-il si ce n'est *la raison*?

Si la vie de chaque individu formoit un système isolé, si chaque être suivoit toutes ses lois, et pouvoit ne suivre que ses lois particulières, sans doute que sa vie seroit heureuse; mais l'homme, toujours entraîné hors de sa carrière, et jeté dans le vaste torrent de la vie universelle, froissé à la fois par tout ce qui l'entoure, l'homme a besoin de prendre un mouvement combiné avec tous les mouvemens qui l'entraînent en avant. Or, il ne peut arriver à ce mouvement que par un mouvement *différent* de celui de la sensibilité. C'est ce mouvement qui, combiné avec la sensibilité, lui fait prendre quelqu'autre direction que celle de l'imagination pure. Ce mouvement opposé à la sensibilité est celui de la raison.

§ 2. La *raison* est la faculté de l'homme d'agir d'après des idées générales qui, appliquées à la conduite de la vie, prennent le nom de *loi* ou de *règle*. La raison, avons-nous dit, arrête ou retarde la première impulsion de la sensibilité. Elle fait plus encore ; *elle en change la direction*, et l'homme vertueux n'arrive pas aux mêmes résultats que l'homme livré à ses appétits et à toutes ses passions. C'est par la généralisation des idées que l'intelligence parvient à changer la direction des mouvemens de l'être sensible. L'homme éclairé a devant lui les chances nombreuses des événemens probables, tandis que l'homme passionné n'a qu'un choix à faire, qui est toujours celui de son cœur.

§ 3. Mais la raison donne plus que de la lumière, elle contribue directement au bonheur, et voici comment. Une grande *étendue* d'idées présentant à-la-fois un très-grand nombre de pensées libres, il en arrive que les sentimens qui viennent à naître dans l'âme, y trouvent toujours quelqu'idée, capable d'être mise en accord avec eux, ce qui n'arriveroit pas si l'âme n'avoit été préparée par l'abstraction, à voir et à présenter à la sensibilité un grand nombre d'idées disponibles. Ainsi la raison, en multipliant le nombre des idées, prépare à l'homme des harmonies plus étendues et plus relevées, que celles de la sensibilité toujours bornée.

Il y a plus : tout ce que l'on donne à la *quantité* des idées, ne peut se prendre *que sur l'intensité de quelques idées dominantes*, ce qui pour ainsi dire *soustrait* et enlève une partie du mouvement des idées passionnées. Aussi ne voit-on jamais, ou bien rarement, les hommes éclairés, toutes choses égales d'ailleurs, agir aussi aveuglement que les hommes uniquement mus par la passion qui les domine.

La raison oppose donc mouvement à mouvement, et nous faisant arriver à des résultats différens de ceux de l'aveugle sensibilité, elle guide l'homme sur la route de l'avenir. Elle fait plus : en présentant à la sensibilité des idées libres et disponibles, capables de se mettre en affinité avec elle, elle enlève et soustrait ce qu'il y a d'excessif dans l'intensité des idées passionnées.

De là vient que l'homme vraiment éclairé ne s'étonne de rien, s'attend à tout, et se résigne à tout, tandis que l'homme borné par ses passions récalcitre contre les lois de la nécessité, qui, le plus souvent, ne sont dures que par la résistance inutile qu'on leur oppose. C'est la raison qui nous mettant au niveau de tous les événemens, nous apprend à les dompter en nous domptant nous-mêmes, c'est-à-dire en maîtrisant nos passions. C'est elle qui en répandant sur l'horison de la vie la douce lumière de l'harmonie, appaise à-la-fois le tumulte du cœur et le trouble de l'esprit, et réconcilie sans cesse l'homme avec lui-même.

§ 4. Plus les idées générales s'étendent dans l'espace, plus aussi elles s'étendent dans l'avenir. Les principes qui embrassent toujours un grand nombre d'idées individuelles, se lient par là à un grand nombre de cas particuliers. C'est donc par la raison, bien plus que par l'imagination, que nous pouvons pénétrer dans l'avenir.

Il y a cette grande différence entre l'avenir de l'imagination et celui de l'intelligence, que le premier est fragile, variable, et le plus souvent illusoire ou trompeur ; tandis que ce que la raison nous enseigne de l'avenir, est toujours prophétique ; et tellement réel et solide, que c'est aux grands principes jetés en avant sur l'abîme du tems, que l'homme ose avec sûreté confier sa marche.

§ 5. J'ai dit que le bonheur consistoit dans l'harmonie des idées avec la sensibilité. *Or, plus il y aura d'unité dans la vie*, plus le but et la fin de nos actions sera élairé; plus le rapprochement des idées avec les sentimens sera de toutes parts aisé et facile, et plus aussi il y aura de chances pour le bonheur.

Ce sont donc les *principes* émanés de l'intelligence, qui en fixant la mobilité de l'imagination, rattachent l'incertitude de ses mouvemens à quelque chose de stable et d'élevé, capable de servir de point de ralliement à la sensibilité et aux idées, et de réunir ainsi le cœur et l'esprit, en établissant cette paix de l'âme, sans laquelle le plaisir même est encore sans bonheur.

§ 6. Mais le besoin de quelque règle commune, et par conséquent d'un régulateur, ne se fait nulle part sentir davantage que dans les sociétés civiles, où les rapports entre les hommes sont si intimes, si nombreux et pourtant si mobiles, que, sans quelque direction commune à tous, et sans quelques règles universelles à suivre, les hommes périroient bientôt par le choc de tant d'impulsions opposées. Voilà pourquoi c'est dans les sociétés politiques que la *raison* a élevé son trône ; c'est là qu'elle a dicté ses *lois*, dont *l'esprit*, dévoilé par le génie immortel de Montesquieu, nous laisse voir à découvert les *rapports* nombreux entre la manière d'être et de *sentir* des nations, et les *choses* dont résultent la félicité publique (1). Ce qui est vrai de l'individu est vrai de tous les hommes, et la science des lois ne fera des progrès que par la science de cette législation intérieure de l'homme, appelée *psychologie*, que son alliance avec la métaphysique a si long-tems laissé couverte de ténèbres.

§ 7. Le monde moral est donc mu par

---

(1) On voit que ce sont encore les rapports des sentimens et du caractère des nations avec les biens et les choses, c'est-à-dire avec ce que j'ai appellé *idée*, qui composent le *bonheur public* comme les rapports entre les sentimens et les idées composent celui des individus.

deux forces opposées, l'imagination et l'intelligence. Ces forces semblables à celles qui font mouvoir l'harmonie des cieux, n'agissent en sens contraire, que pour se réunir dans une action finale, qui est le bonheur de l'homme.

La sensibilité, en éveillant les idées de son choix, commence nos rapports avec les objets extérieurs. Le mouvement de l'intelligence souvent opposé à celui de la sensibilité, produit ensuite, en se combinant avec elle, ce bonheur naissant, destiné à se développer de plus en plus avec les facultés mêmes dont il n'est que le résultat.

Toutes les lois de la sensibilité ne veulent que le bonheur de l'être sensible, et toutes celles de l'imagination n'indiquent que l'intention de le rendre heureux. En effet les mouvemens de cette faculté ne sont-ils pas tous calculés pour rétablir sans cesse l'harmonie entre les idées et la sensibilité, que tant de choses cherchent à troubler? Mais les lois de l'individu, en se combinant ensuite avec celles des autres êtres, en sont toujours plus ou moins troublées; et comme il n'y a rien de plus rare que de voir une plante développée en entier d'après le type de son espèce, et de trouver une feuille sans défaut, il n'y a de même rien de plus rare que l'homme parfaitement heureux. Il n'y a peut-être pas un organe dans notre corps, et pas un désir dans notre âme qui arrive à son développement complet : comment l'homme tout entier y arriveroit-il ?

Le mal semble être, non *dans les lois* de la nature, mais dans le choc apparent de ces lois entr'elles. Si d'être troublé par des lois plus générales étoit une règle universelle dans la nature, on pourroit supposer que cette règle, *émanée d'une même cause intelligente que celle qui a dicté les lois subordonnées*, sera dans ses résultats non moins bienfaisante que les lois particulières, déjà révélées à nos foibles lumières. Ne voyons-nous pas les corps célestes, toujours troublés dans leurs courbes intentionnelles, achever leurs révolutions, malgré les perturbations apparentes causées par leurs influences réciproques ? Dans ces grands corps nous voyons la nature arriver partout à ses fins. Cette nature seroit-elle moins puissante dans l'homme que dans Saturne ou dans Syrius ? Et si en dernier résultat rien ne la trouble dans les cieux, sera-t-elle détournée de ses mouvemens intentionnels dans le monde des êtres sensibles ? Non, le mal qui arrive aux êtres moraux, n'est que le gage d'une félicité pure, et le présage d'un avenir réparateur, dans lequel un bonheur toujours croissant sera le fruit du développement de toutes choses ?

FIN.

TABLE

Des matières contenues dans cet ouvrage.

TOME PREMIER.

PREMIÈRE PARTIE.

LES LOIS DE L'IMAGINATION, page 1

CHAPITRE I. Les Lois de l'Imagination ne sont point connues encore. Premier aperçu sur la nature de cette faculté, 2

CHAP. II. C'est par la connoissance des effets de la sensibilité qu'on arrive à la connoissance de l'imagination, 5

CHAP. III. Ce qu'il faut entendre par imagination, 12

CHAP. IV. Les rapports de préférence composent la première loi de l'imagination, qui est celle de l'invention, 16

CHAP. V. La loi des intensités ou de l'ordre des idées : seconde loi de l'imagination, 20

CHAP. VI. La loi des idées successives, ou des transitions d'une idée à une autre : troisième loi de l'imagination, 26

CHAP. VII. Le mouvement des idées est subordonné au sentiment moteur : quatrième loi de l'imagination, 33

CHAP. VIII. L'harmonie : cinquième loi de l'imagination, 40

Chap. IX. De la beauté, 48
Chap. X. De l'imitation dans les beaux-arts, 55
Chap. XI. Effets de l'harmonie sur l'âme, 59

Développemens de la première partie.

Sur les lois de l'imagination.

Chapitre I. De l'invention dans les beaux-arts, 71
Chap. II. Application de la théorie de l'imagination à l'histoire des beaux-arts, 77
Chap. III. La règle de l'unité émanée de l'harmonie, 85
Chap. IV. Unité et harmonie dans le système de l'univers, 95
Chap. V. Unité et harmonie dans le caractère de l'homme, 98
Chap. VI. Ce que l'imagination ajoute à la sensation réelle, 109

SECONDE PARTIE.

ANALISE DE L'IMAGINATION.

Avant-propos, 113

Seconde section. Du sentiment.

Chap. I. Ce qu'il faut entendre par sentiment moteur, 114
Chap. II. Le sentiment est la sensation d'un sens particulier, 119
Chap. III. Du sixième sens, 122
Chap. IV. Continuation du sixième sens, 125
Chap. V. Du sentiment associé avec les idées, 128
Chap. VI. Rapports des cinq sens avec le sixième sens, 134

Chap. VII. Continuation, 139

Chap. VIII. Des effets du mouvement de sensibilité communiqué aux idées, 146

Chap. IX. Objections contre l'existence du sixième sens, 149

Chap. X. Application de ces principes à la théorie de l'imagination, 157

Chap. XI. Caractère du sixième sens, 161

Chap. XII. Doute de Bonnet. — Les mouvemens n'expliquent pas les idées. — Le mouvement ne rend raison que du mouvement. 166

Développemens de la seconde section de la seconde partie.

Avant-propos, 169

Chap. I. La psychologie a deux sources de connoissance qu'il importe de distinguer, 172

Chap. II. Ce qu'il faut entendre par sens, 178

Chap. III. La sensibilité est un sens distinct des cinq autres, 180

Chap. IV. Des puissances motrices de l'homme, 184

Chap. V. De la volonté, 189

Chap. VI. Des autres agens de l'homme, 200

Chap. VII. Du sentiment considéré comme sensation d'un sens particulier, 209

Ch. VIII. Rapports des sentimens avec les idées, 220

Chap. IX. Du sentiment considéré comme mouvement, 225

Chap. X. Recherches sur les mouvemens opposés à la sensibilité, 232

Chap. XI. Du sentiment considéré dans son plus grand mouvement, appelé passion, 259

Chap. XII. Comment le sentiment vient à s'éteindre, 248
Chap. XIII. Si les idées morales sont susceptibles de démonstration, 251

Section seconde. — *Les Idées.*

Chap. I. Ce qui distingue les idées des sentimens, 257
Chap. II. Ce que c'est que le sentiment moteur, 269
Chap. III. Les phénomènes de l'imagination sont contraires à l'idée de la matérialité de l'âme, 279
Chap. IV. De la différence entre l'imagination et la mémoire, 282

Développemens.

Chap. I. Définition du mot idée, 295
Chap. II. Importance de la distinction entre idée et sentiment, 297
Chap. III. Intimité des rapports entre la sensibilité et les idées, 301
Chap. IV. Quel avantage il y a à distinguer les sentimens des idées, 306
Chap. V. Quelle espèce de foi on peut ajouter aux idées de l'imagination, 315
Chap. VI. Des formes de l'imagination, 317
Chap. VII. De l'idée considérée comme moteur des actions, 322
Chap. VIII. Importance de l'harmonie des idées dans la société, 332
Chap. IX. L'imagination tend au concret, l'intelligence à l'abstrait, 343
Chap. X. De la sensibilité non employée, 347

TOME SECOND.

TROISIÈME SECTION.
De la réaction des idées.

CHAP. I. La sensibilité a des liaisons intimes avec le système musculaire, Page 1
CHAP. II. Rapports entre les associations des idées et les associations des mouvemens, 7
CHAP. III. Continuation, 24
CHAP. IV. De l'association des idées formée par l'intelligence, et de celle formée par l'imagination, 52
CHAP. V. Causes psychologiques de l'imagination, 37
CHAP. VI. De la réaction de idées sur la sensibilité, 46

Développemens. — LES PASSIONS.

CHAP. I. L'idée dirigeante des passions soumise aux lois de l'imagination, 53
CHAP. II. Besoin et désir, 66
CHAP. III. Désir et jouissance, 71
CHAP. IV. De la nature et des effets du désir, 76
CHAP. V. Ce qui fait la force des passions, 80
CHAP. VI. Unité des passions, 84
CHAP. VII. Des inconvéniens des grandes passions, 87
CHAP. VIII. Rapports des passions avec les idées, 90
CHAP. IX. De la liberté de l'homme. Si l'homme demeure libre dans les passions, 98
CHAP. X. Des passions considérées dans les rapports avec leurs objets, 110
CHAP. XI. Ordre qu'observe la nature dans les mouvemens passionnés, 116

Continuation des Passions.

Chap. I. Des différentes espèces de passions, 127

Chap. II. Le charme des passions aimantes émane de l'harmonie, 131

Chap. III. De l'origine des sentimens religieux, 142

Chap. IV. Des passions secondaires, ou passions pour les moyens, 144

Chap. V. Des passions de circonstance ou d'accident, 155

Second développement. LE BONHEUR.

Avant-propos, 163

Chap. I. Définition du bien et du mal, 165

Chap. II. Le bonheur se trouve dans l'harmonie des idées avec la sensibilité, 169

Chap. III. Rapport des passions avec le bonheur, 187

Chap. IV. De la manière de juger le bonheur d'autrui, 207

Chap. V. De l'amour-propre, 220

Chap. VI. L'harmonie qui constitue le bonheur suppose l'immortalité de l'âme, 225

Chap. VII. Influence de la raison sur le bonheur, 229

Fin de la Table.

OUVRAGES nouveaux qui se trouvent chez le même Libraire.

Traité des engrais, tiré des différens rapports faits au département d'agriculture d'Angleterre, avec des notes, suivi de la traduction du Mémoire de Kirvan sur les engrais, par M. Maurice, un des rédacteurs de la Bibliothèque Britannique, 1 vol. in-8, 450 p. 5 f.

Des prairies artificielles d'été et d'hiver; de la nourriture des brebis et de l'amélioration d'une ferme, par Lullin, 1 v. in-8. 450 p. 5 f.

Principes philosophiques, politiques et moraux, par le colonel de Weiss, ancien baillif de Mondon, 7.ᵉ édition, revue, corrigée et augmentée, 2 vol. in-8. 7 f. 50 c.

Sir Walther Finck et son fils Williams, par Mad. de Charrière, in-12. 1 f. 50 c.

Lettre à M.ʳ de Chateaubriand sur les deux chapitres du *Génie du Christianisme*, intitulés : Astronomie et mathématique, chimie et histoire naturelle ; on discute entre autres choses, dans cet écrit, l'opinion que M.ʳ de Chateaubriand a manifestée sur les paysages des montagnes, dans son voyage au Mont-Blanc, publié il y a quelques tems dans les journaux, in-8. 1 fr. 20 c.

La nouvelle Liturgie à l'usage des Eglises réformées de France, 1 vol. in-4. 2 fr.

La même, papier fort, 3 fr.

Rapports des êtres organisés avec l'air atmosphérique, par Spallanzani, publié par M.ʳ Senebier, 3 vol. in-8. 12 fr.

Caliste ou lettres écrites de Lausanne, par Mad. de Charrière, auteur de plusieurs ouvrages, 2 vol. in-12. 3 fr.

Description d'une suite d'Expériences qui montrent comment la compression peut modifier l'action de la chaleur, par Sir James Hall, bar.ᵗ, traduit de l'anglois par le Professeur Pictet, 1 vol. in-8. 3 fr. 60 c.

LA SAINTE BIBLE, traduction nouvelle, faite sur le texte hébreux, par le Clergé de Genève, 2 vol. in-folio, beau papier. 36 fr.

La même, papier vélin, cartonnée, 150 fr.
La même, 1, vol. in-folio. 24 fr.
La même, 3 vol. in-8. 12 fr.

SOUS PRESSE.

Histoire de Gustave III, Roi de Suède, traduite de l'Allemand d'Ernest-Louis Posselt, sur l'édition originale, par J. L. Manget, 1 vol. in-8, de 450 pages.

L'intérêt du sujet, le mérite du style, et la réputation dont ce livre jouit en Allemagne depuis quatorze ans, nous ont fait espérer que le Public daigneroit en accueillir favorablement la traduction. L'auteur, trop tôt perdu pour la littérature allemande, s'est acquis, dans sa courte carrière, un rang distingué parmi les écrivains de son pays. Cependant il est arrivé, on ne sauroit trop expliquer comment, que son ouvrage est demeuré jusqu'ici complètement inconnu en France, et qu'aujourd'hui même encore, nous sommes réduits, sur la partie de l'histoire que traite Posselt, aux renseignemens imparfaits qu'on peut puiser dans des mémoires ou relations particulières fort peu authentiques. En étudiant la vie de *Gustave III*, on concevra sans peine combien de pareilles sources doivent inspirer de défiance.

La traduction que nous offrons ici n'est point une traduction servilement littérale: il suffit de connaître le génie des deux langues pour comprendre le tort que le traducteur auroit fait à son ouvrage en suivant l'original de trop près. Ce qu'on s'est attaché à conserver, c'est ce qu'il peut y avoir de propre au style de l'historien, et ce qui caractérise sa manière. Si ce but n'est qu'imparfaitement atteint, la difficulté d'y parvenir nous servira peut-être d'excuse auprès du lecteur, et de titre à son indulgence.

Instruction chrétienne, par le Professeur Vernet, 5 vol. in-12, nouvelle édition, revue et corrigée par deux Professeurs de l'Académie de Genève.

Observations sur les bêtes à laine faites pendant 20 ans aux environs de Genève, 1 vol. in-8,   2 fr. 50 c.

www.ingramcontent.com/pod-product-compliance
Lightning Source LLC
Chambersburg PA
CBHW060122170426
43198CB00010B/997